青海省博物馆"1+3"主题展览系列丛书

发掘文明

——青海考古成果展

青海省博物馆 编  文物出版社

图书在版编目(CIP)数据

发掘文明:青海考古成果展/青海省博物馆编.--

北京:文物出版社,2023.11
(青海省博物馆"1+3"主题展览系列丛书)
ISBN 978-7-5010-8030-4

Ⅰ.①发...Ⅱ.①青...Ⅲ.①考古工作—成果—汇编

—青海Ⅳ.①K872.44

中国版本图书馆CIP数据核字(2023)第070940号

青海省博物馆"1+3"主题展览系列丛书

发掘文明——青海考古成果展

编   者:青海省博物馆

责任编辑:宋   丹

责任印制:王   芳

出版发行:文物出版社

社   址:北京市东城区东直门内北小街2号楼

网   址:http://www.wenwu.com

经   销:新华书店

印   刷:雅昌文化(集团)有限公司

开   本:889mm×1194mm 1/16

印   张:15.25

版   次:2023年11月第1版

印   次:2023年11月第1次印刷

书   号:ISBN 978-7-5010-8030-4

定   价:396.00元

习近平总书记在致仰韶文化发现和中国现代考古学诞生 100 周年的贺信中指出："100 年来，几代考古人筚路蓝缕、不懈努力，取得一系列重大考古发现，展现了中华文明起源、发展脉络、灿烂成就和对世界文明的重大贡献，为更好认识源远流长、博大精深的中华文明发挥了重要作用。"中国考古的出发点是更好地认识中华文明的源远流长，以考古成果来证实中国历史之为信史，从而坚定文化自信。百年间，一代代青海考古人在这片雪域高原上，用他们的激情和汗水，奉献出能够完全与这一地区文物资源丰富程度相匹配的考古发掘和研究成果，揭示出青海地区在中华文明多元一体的历史演变过程中的重要作用。

2021 年正值中国现代考古学建立 100 周年，在青海省文化和旅游厅与青海省文物局的共同指导下，青海省博物馆与青海省文物考古研究所联袂策划了"青海考古成果展"，展览以青海历年发掘的八座典型遗址为主要内容，展示新中国成立以来青海考古的艰辛历程和辉煌成果，弘扬博大精深的中华文明，促进考古学知识的普及和传播。本次展览得到多方鼎力支持，汇集了来自青海省内外 6 家单位的珍藏文物。展览上展文物有 314 件 / 套，时间上启新石器时代，下至明代，其中约有半数文物属于首次对外展出。

此次展览是青海省内首次举办的考古成果专题展览，它既是广大文物考古工作者向社会的一次集中汇报，也是青海文博机构在考古学的学术推广、社会化宣传和艺术欣赏相结合方面的一次全新尝试。在展览实施过程中，展览项目实施单位的工作人员精诚合作、辛勤付出，保证了这场考古学盛宴能够精彩呈现，亦践行了青海文博人保护青海文化遗产，传承青海历史记忆，服务人民美好生活的初心使命。

党的二十大为全国的文物考古工作指明了方向，希望我省的文物考古工作者不负时代之托，继续做强做优文物考古事业，加快专业队伍建设，更好探索未知、揭示本源，察往知来、古为今用，为探源中华文明、铸就社会主义文化新辉煌做出新的更大贡献！

青海位于我国西北内陆腹地，青藏高原的东北部，唐代诗人柳中庸笔下"青海戍头空有月，黄沙碛里本无春"的景象，令人不免对青海产生寂寥悲凉之感。的确，青海有人类活动的历史可以上溯到三万年前，而文献记载的历史仅有两千多年，因此青海考古从诞生伊始就被赋予了重要的使命。一代代青海考古人用手铲构建起青海的历史框架，填补了汉代以前的历史空白，丰富了汉代以后的历史细节，考古重要发现层出不穷，青海的历史逐渐露出真容，更是证明了青海也是中华文明起源的"满天星斗"中的重要一员。

青海的考古学研究是从 20 世纪 20 年代开始的。1923 ～ 1924 年，瑞典学者安特生来到甘青地区进行考察，并对青海地区的西宁朱家寨，湟中卡约、下西河、贵德罗汉堂等遗址进行了发掘，他将当时最科学的考古方法引入西北地区，成功梳理出甘青地区史前文化的发展脉络，发表了《甘肃考古记》《中国史前时期的研究》《朱家寨遗址》等著作。

20 世纪 30 年代至 1949 年前，我国文化教育界与科学界等曾组织人力，多次对西北地区进行考察。如 1937 年，燕京大学组织的西北考察团曾赴宁夏、甘肃、青海等地进行考察；1947 ～ 1948 年，裴文中教授受当时地质调查所的派遣，来到甘肃渭水上游、洮河流域、河西走廊、西汉水上游以及青海湟水流域进行考古调查，发现了一批重要遗址，明确提出在汉代以前，甘青地区就存在一条史前的"丝绸之路"，中国考古学者对史前丝绸之路的研究自此拉开序幕。

1949 年后，青海省文物管理委员会、中国科学院考古研究所等单位，在青海境内进行了大量的考古调查与发掘工作。20 世纪 50 年代末 60 年代初，在湟水流域发现了一大批新的遗址和墓群。1958 年，中国科学院考古研究所与青海省文物管理委员会共同发掘了诺木洪遗址，这是我省展开的首次正式考古发掘。20 世纪 70 年代以后，青海省的文物考古事业取得了新的发展，一大批重要的遗址被发现和发掘，如柳湾墓地、上孙家寨墓地、尕马台墓地、热水墓群、核桃庄墓地、阳山墓地、潘家梁墓地、阿哈特拉墓地、宗日遗址、沈那遗址、喇家遗址等，为研究青海省古文化积累了极为丰富又颇具价值的资料。更为重要的是，从宗日文化到卡约文化再到诺木洪文化，数支青海特有的史前文化得到确认，目前已经构建起从新石器时代中晚期至春秋战国的完整时空框架，梳理出清晰的谱系关系，勾勒出青海史前亦农亦牧的生业模式，由此衍生的羌戎文化和族群研究，也为探寻藏彝走廊各少数民族的族源提供了重要的考古学证据。

党的十八大以来，党和国家高度重视文物考古工作。习近平总书记关于考古工作和历史研究、深化中华文明探源工程等系列重要论述和重要指示批示精神，为做好新时代考古工作指明了方向。青海文物考古部门主动承担文化遗产保护职责，实施多项重要主动性考古项目，取得了一系列重要考古发现。在玉树通天河流域、环青海湖细石器地点的考古发掘，初步明确了一万年左右早期人类在青藏高原的活动；深耕河湟谷地史前考古学文化调查与发掘，重点开展柳湾遗址、喇家遗址、沙隆卡遗址、金禅口遗址发掘与官亭盆地、湟水流域、黄河流域考古调查，基本明确了青海东部地区早期文明发展的历程及其在中华文明起源中的作用；长江流域（青海段）文物资源调查、丝绸之路南亚廊道（青海段）考古调查、全省石窟寺专项调查和都兰热水墓群、乌兰泉沟墓地、都兰哈日赛墓地等考古发现，清理发现一大批重要遗迹遗物，尤其是 2018 血渭一号墓和乌兰泉沟壁画墓的重大考古发现，充分证实了丝绸之路青海道各民族交往交融和青海多元文化形成的历史史实，体现了中原文化强大的辐射力及影响力，反映了中华文明多元一体的历史演变过程。

百年间，一代代青海考古人在这片雪域高原上，用他们的汗水、热血和青春，奉献出能够完全与这一地区文物资源丰富程度相匹配的考古发掘和研究成果。2021 年正值中国现代考古学建立 100 周年，青海考古也迎来了向公众汇报过往成果、展望未来发展前景的最好时机，"青海考古成果展"应运而生，展览由省文化和旅游厅、省文物局主办，省文物考古研究所、省博物馆承办，省内外多家文博单位协办。展览将青海考古历程中最具代表性的典型遗址进行集中展示，辅以古道调查、文物保护等内容，既有对考古过程的梳理，也有对考古成果的解读和阐释，力求全方位、多角度呈现青海考古的丰硕成果。秉持"让文物说话"的策展理念，运用类型学等考古学方法，深入挖掘文物内涵，让深藏于文物库房中的文物"活起来"，展览上展文物有 314 件 / 套，其中约有半数文物属于首次展出。展览既是广大文物考古工作者向社会的一次集中汇报，也是为广大观众精心准备的一道文化大餐，更是通过考古讲好"青海故事"的一次全新尝试。

奋斗在这个伟大的时代是考古人的幸运，青海文物考古工作将紧密结合习近平总书记关于文物工作重要指示批示精神，融会贯通、学以致用，切实履行好守护文化遗产的责任担当，积极对接"中华文明探源""考古中国"等国家重大项目，推进青海考古发掘和学术研究，厚植中国道路的文化底蕴，凝聚中国式现代化的文物力量，不断推进青海考古工作高质量发展，为建设中国特色、中国风格、中国气派的考古学努力贡献青海力量和智慧。

青海地处西陲之地，是三江源头，东接长江、黄河两大流域腹地，西通西域，南交蜀藏，北连河西走廊、蒙古高原，是连接西南、西北和东中部地区的纽带。羌、匈奴、月氏、氐、白兰、鲜卑、党项、苏毗、多弥、回纥、吐蕃、撒里畏兀儿等20余个民族曾在这片热土繁衍生息。多样的自然环境、不同的经济形态、复杂的民族结构，各种文化因素在这里交融汇聚，留下了6000余处辉煌灿烂的文化遗存。

　　早在1923年，瑞典学者安特生就对朱家寨、卡约、下西河、罗汉堂等遗址进行了调查，从而拉开了青海考古工作的序幕。新中国成立以来，青海省的文物考古事业得到蓬勃发展，一代代青海考古人跋山涉水、风餐露宿，踏遍山川河谷、茫茫雪原。他们用生命和青春延伸着青海历史的轴线，揭示和阐发着每一个遗迹遗物所包含的文明信息。青海有人类活动的历史可以上溯到30000余年前，而文献记载的历史仅有2000余年，从旧石器时代人类初涉高原到史前文化类型和文化序列的确立，再到各朝代疑云的拨散，都浸透着广大考古工作者的辛勤汗水，都依赖于每一次的考古发现与研究。一个个尘封千年的遗址、墓地被有序地揭露出来，古代人类生产生活场景、埋葬方式、生业模式、人地关系乃至社会组织得以不同程度地复原和再现，众多艺术珍品得以重见天日，再现着青海昔日的灿烂与辉煌。

旋涡纹敛口彩陶瓮

同德宗日遗址出土

马家窑文化马家窑类型

高 25.1cm、口径 8.8cm、底径 10.6cm、腹径 26cm

青海省博物馆 藏

弦线网纹敛口彩陶瓮

同德宗日遗址出土
马家窑文化马家窑类型
高 25.8cm、口径 9cm、底径 12.3cm、腹径 29cm
青海省博物馆 藏

旋涡纹双耳彩陶瓮

同德宗日遗址出土

马家窑文化马家窑类型

高 26cm、口径 15.8cm、底径 11.7cm、腹径 27.5cm

青海省博物馆 藏

叶纹双耳彩陶壶

同德宗日遗址出土

马家窑文化马家窑类型

高 29cm、口径 10cm、底径 10.4cm、耳距 28.5cm

青海省博物馆 藏

弧线三角涡纹彩陶盆

同德宗日遗址出土

马家窑文化马家窑类型

高 7.5cm、口径 16.1cm、底径 6.9cm、腹径 15.1cm

青海省博物馆 藏

弧线锯齿纹彩陶碗

同德宗日遗址出土

马家窑文化马家窑类型

高 8.6cm、口径 19.5cm、底径 8.2cm

青海省博物馆 藏

波纹彩陶钵

同德宗日遗址出土

马家窑文化马家窑类型

高 8.5cm、口径 19cm、底径 7cm、腹径 18cm

青海省博物馆 藏

圆点弦纹彩陶罐

同德宗日遗址出土
马家窑文化马家窑类型
高 13.5cm、口径 8cm、底径 6.3cm、腹径 15cm
青海省博物馆 藏

变形鸟纹彩陶碗

同德宗日遗址出土
宗日文化
高 12.4cm、口径 19.6cm、底径 9.4cm、腹径 18.2cm
青海省博物馆 藏

折线纹彩陶碗

同德宗日遗址出土
宗日文化
高 8.1cm、口径 15.2cm、底径 6.9cm
青海省博物馆 藏

变形鸟纹彩陶碗

同德宗日遗址出土
宗日文化
高 9cm、口径 13.5cm、底径 5.8cm
青海省博物馆 藏

俯身葬的核心区域

宗日遗址的葬俗，主要是俯身直肢葬和二次扰乱葬，另外还有火葬、墓上标志、墓祭等特点。

俯身葬源于宗日文化。在甘青文化区内，俯身葬主要分布在青海海南州的黄河两岸；屈肢葬主要分布在以兰州为中心的甘肃中部；仰身直肢葬主要分布在湟水中下游和河西走廊。

二次扰乱葬在马家窑文化有所发现，在辛店文化、卡约文化较为普遍，宗日遗址似乎为其渊源。二次扰乱葬可以追溯至甘肃天水师赵村仰韶文化晚期的墓葬中。

鸟纹彩陶壶

同德宗日遗址出土
宗日文化
高 22.8cm、口径 9.5cm、底径 9.5cm、腹径 18cm
青海省博物馆 藏

变形鸟纹彩陶壶

同德宗日遗址出土
宗日文化
高 25cm、口径 9.1cm、底径 8cm、腹径 19.8cm
青海省博物馆 藏

遥远的远古贸易——宗日遗址马家窑类型陶器与海贝

　　陶器产源分析结果，说明宗日遗址所出土的绝大多数马家窑类型的彩陶不是在当地制作的，而是从外地输入的，人群迁移可能是这些精美彩陶出现在宗日以及许多周边遗址的一个途径，也可能是从特定的生产单位通过远距离交换而来。而来自海洋的海贝也印证了古代远距离的贸易交换活动的存在。

水波纹内彩陶盆

同德宗日遗址出土
马家窑文化马家窑类型
高 10cm、口径 26.5cm、底径 10cm
青海省博物馆 藏

弧线网纹彩陶瓮

同德宗日遗址出土

马家窑文化马家窑类型

高 21.3cm、口径 15cm、底径 12.5cm、腹径 29.5cm

青海省博物馆 藏

弦纹彩陶罐 ①

同德宗日遗址出土
马家窑文化马家窑类型
高 15.6cm、口径 10.9cm、底径 8.7cm、腹径 18cm
青海省博物馆 藏

弦纹彩陶罐 ②

同德宗日遗址出土
马家窑文化马家窑类型
高 20cm、口径 12cm、底径 9.5cm、腹径 24cm
青海省博物馆 藏

①

②

竖线纹折腹彩陶壶

同德宗日遗址出土
马家窑文化马家窑类型
残高 14.5cm、口径 6cm、底径 7.2cm、腹径 15.8cm
青海省博物馆 藏

弦纹彩陶瓮

同德宗日遗址出土
马家窑文化马家窑类型
高 14.5cm、口径 6cm、底径 7.2cm、腹径 15.8cm
青海省博物馆 藏

太阳纹彩陶碗

同德宗日遗址出土
宗日文化
高 10.2cm、口径 16.2cm、底径 9cm
青海省博物馆 藏

折线纹彩陶壶

同德宗日遗址出土
宗日文化
高 24.2cm、口径 7.5cm、底径 7.8cm、腹径 19.3cm
青海省博物馆 藏

折线纹彩陶壶

同德宗日遗址出土

宗日文化

高 9.8cm、口径 3.6cm、底径 3.6cm、腹径 7cm

青海省博物馆 藏

宗日祭祀

　　宗日遗址 200 号墓位于大沙沟西侧第一坪台的内侧，长 3.6 米、宽 1.6～1.8 米。"墓葬"边缘清晰，内填杂有粗砂土，因其形状、方向、填土等方面与遗址内各墓葬完全一致，因此按照墓葬编号为 M200。其中发现的 5 件玉器便堆置于偏西端填土的表面，包括 3 件玉刀、1 件玉璧和 1 件玉料，根据玉器的形制和使用状况，专家推测这批玉器是祭祀用品。

　　经清理发现，墓葬深度 0.15～0.2 米，平面呈圆角长方形，与墓地此前发现的 18 个祭祀坑的深度相当，且与部分祭祀坑的形状相同。不同的是常规的祭祀坑中填埋的是草木灰、烧土块、石块、兽骨和陶片等，而 M200 中放置的却是玉礼器，且未发现埋葬人骨的痕迹。据此专家推断 M200 并不是一座真正的墓葬，而应该是一处较为特殊的祭祀性遗迹，它的发现对于了解黄河上游远古人群的宗教活动具有重大意义。

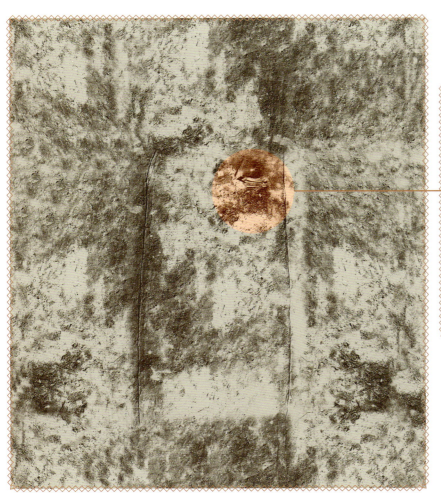

玉料

同德宗日遗址出土
齐家文化
长 26.8cm、宽 3.6cm、厚 1.6cm
青海省博物馆 藏

三孔玉刀

同德宗日遗址出土

齐家文化

长 18.3cm、宽 5.4cm、厚 0.5cm

青海省博物馆 藏

第一章 —— 宜居之地

○ 双人抬物纹彩陶盆线图

○ 舞蹈纹彩陶盆线图

舞蹈纹彩陶盆

同德宗日遗址出土
马家窑文化马家窑类型
高 12.5cm、口径 24.2cm、底径 9.9cm、腹径 24cm
青海省博物馆 藏

变形鸟纹彩陶壶 ①

同德宗日遗址出土
宗日文化
高 19.1cm、口径 7cm、底径 6.5cm、腹径 15cm
青海省博物馆 藏

折线纹彩陶壶 ②

同德宗日遗址出土
宗日文化
高 22cm、口径 8.5cm、底径 9.4cm、耳距 18cm
青海省博物馆 藏

变形鸟纹长颈彩陶壶 ③

同德宗日遗址出土
宗日文化
高 21cm、口径 6.5cm、底径 6.7cm、腹径 14.5cm
青海省博物馆 藏

①

②

③

变形鸟纹彩陶壶

同德宗日遗址出土
宗日文化
高 25.5cm、口径 9cm、底径 8.2cm、腹径 19cm
青海省博物馆 藏

圆点纹彩陶罐

同德宗日遗址出土
宗日文化
高 11.5cm、口径 10.5cm、底径 7.25cm、腹径 13.4cm
青海省博物馆 藏

弦纹彩陶壶

同德宗日遗址出土
宗日文化
高 21cm、口径 7cm、底径 8cm、腹径 17cm
青海省博物馆 藏

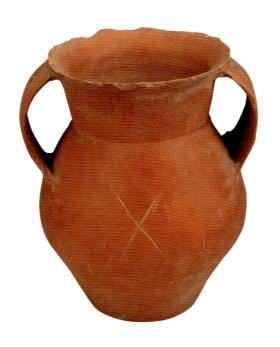

刻划 "X" 纹素陶罐

同德宗日遗址出土
齐家文化
高 13cm、口径 9cm、底径 6cm、耳距 11.5cm
青海省博物馆 藏

农业为主 渔猎兼营

　　石斧、石锛、石凿反映了木器加工为基础的定居生活的存在，石刀、石铲等反映了农业生产活动，鱼钩、石球、细石器等反映了渔猎经济的存在。宗日遗址的人们是以农业为主要生活方式的，同时还有一定程度的渔猎成分。通过对宗日遗址出土人骨进行 C 和 N 稳定同位素分析，表明宗日先民食谱以 C4 植物为主，这与先民主食为粟和黍的普遍认识相吻合，食谱中还存在一定量的肉类，可能来自渔猎或家畜。除了发现有牛的畜养外，未见猪和羊的畜养。

石纺轮

同德宗日遗址出土
宗日文化
直径 9.5cm、厚 3cm
青海省博物馆 藏

石锛 ①

同德宗日遗址出土
宗日文化
长 9cm、宽 6cm、厚 1.2cm
青海省博物馆 藏

石锛 ②

同德宗日遗址出土
宗日文化
长 12cm、宽 7.5cm、厚 1.2cm
青海省博物馆 藏

石球 ③

同德宗日遗址出土
宗日文化
直径 4.4cm
青海省博物馆 藏

石球 ④

同德宗日遗址出土
宗日文化
直径 10cm
青海省博物馆 藏

①

②

③

④

绿松石 ①

同德宗日遗址出土
宗日文化
长 16.9cm、宽 6.7cm、厚 1.9cm
青海省博物馆 藏

穿孔绿松石饰 ②

同德宗日遗址出土
宗日文化
长 10.4cm、宽 6.3cm、厚 1.3cm
青海省博物馆 藏

绿松石饰 ③

同德宗日遗址出土
宗日文化
长 9.4cm、宽 7.55cm、厚 1.1cm
青海省博物馆 藏

绿松石块 ④

同德宗日遗址出土
宗日文化
长 12.4cm、宽 5cm、厚 1.4cm
青海省博物馆 藏

①

②

③

④

砷铜的发现

对宗日遗址出土的 3 件铜器进行了科学检测分析，发现这 3 件铜器均含有砷，这在齐家文化铜器中是首次发现，为进一步探讨西北地区早期冶金的发展提供了新的资料和依据。

铜环 ①

同德宗日遗址出土
齐家文化
直径 4.5cm、厚 0.3cm
青海省博物馆 藏

铜环 ②

同德宗日遗址出土
齐家文化
直径 2.1cm、厚 0.3cm
青海省博物馆 藏

铜环 ③

同德宗日遗址出土
齐家文化
直径 3.5cm、厚 0.3cm
青海省博物馆 藏

铜环（残）④

同德宗日遗址出土
齐家文化
青海省博物馆 藏

①

②

③

④

② 马厂类型墓葬

　　马厂类型墓葬共 1041 座，除长方形竖穴土坑墓外，还有带墓道平面呈"凸"字形的洞室墓。有单人葬与合葬墓两种，合葬墓埋葬个体在 2～6 人之间，以二人合葬居多，属于夫妻合葬或家庭合葬。不同墓葬内随葬品的数量极为悬殊，如 M564 号墓，95 件随葬品堆满了墓室，而一些小墓却没有葬具，仅以残陶器作为象征性的随葬品，反映了贫富分化的产生和个体家庭的出现。

1、6—10、12 侈口双耳罐
2—5、11、13 双耳彩陶罐
14—18、20—29、32—64
66—85、90—95 彩陶壶
19、30、31 粗陶瓮
（图中未表现器物者，皆压在其他器物之下）

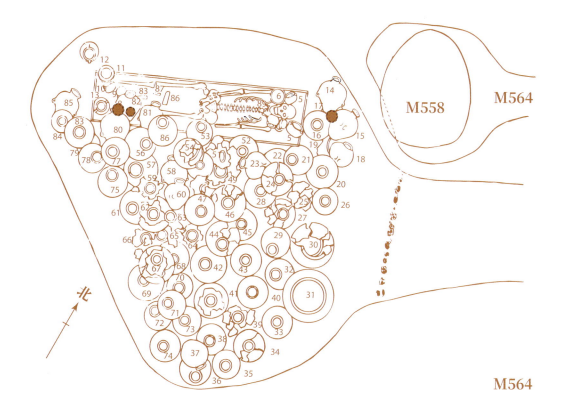

北

M558

M564

M564

③齐家文化墓葬

　　齐家文化的墓葬共419座，墓葬形制与马厂类型较为相近，但葬具有明显区别，以原木挖成的独木棺为主。葬式有单人葬和合葬两种，单人葬分为仰身直肢葬、屈肢葬、俯身葬、二次葬与断肢葬；合葬墓以二人合葬墓为主。随葬品的多寡更为悬殊，表明了贫富分化的加剧，屈肢葬、俯身葬、断肢葬则表明奴隶的出现和氏族社会的瓦解。

1、2、4、5、7、8 陶壶
3、9、15 双耳彩陶罐
10、16 双大耳陶罐
6 彩陶壶
11 陶尊
12 敛口陶瓮
13 海贝
14 玉饰
17 粗陶瓮
18 石纺轮

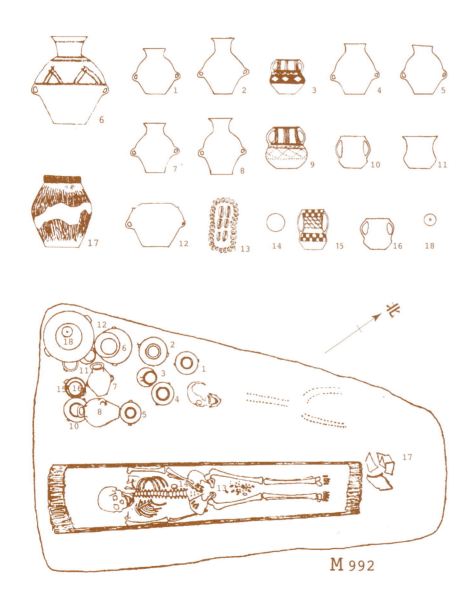

M 992

④辛店文化墓葬

　　辛店文化墓葬仅 5 座。多为圆形或椭圆形竖穴土坑墓，以单人仰身直肢葬为主，随葬品不多。

M 1244 : 1 双耳陶罐
M 1196 : 1、2、4 双耳陶罐，3、5 陶壶
陶罐 3 件，均整齐地排列在墓底的一侧

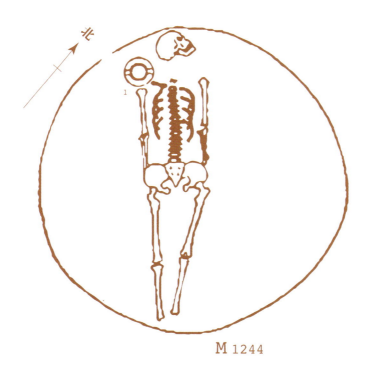

M 1244

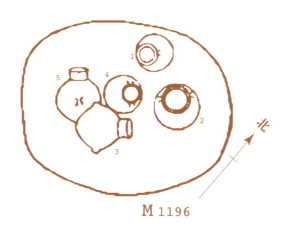

M 1196

精妙绝伦的彩陶艺术

　　柳湾墓地出土彩陶约2万件。彩陶艺术集制陶、雕塑、绘画于一体，其中绘画装饰艺术是彩陶艺术的灵魂，其色彩搭配古朴，图案组合生动，线条粗细得体，画面等分均匀，画工技艺娴熟。

　　彩陶纹样以锯齿纹、涡纹、菱形方格纹、葫芦形纹、圆圈纹、圆点纹、变形蛙纹、垂帐连弧纹、网纹、平行线纹、折线纹、三角纹为主。有的像流动的水波，有的像洒落的种子，有的像张开的渔网，有的像游弋的鱼蛙，这些简单而原始的线条描绘着史前人类心中自然而朴素的美。同一种纹样不断演变的过程则是史前先民思维与认知成长与成熟的反映，其中变形蛙纹一度成为马厂类型彩陶的主题纹样。

锯齿涡纹彩陶壶

乐都柳湾遗址出土
马家窑文化半山类型
高31cm、口径16.8cm、底径13cm、腹径41cm
青海省博物馆 藏

折线纹彩陶罐

乐都柳湾遗址出土
马家窑文化马厂类型
高 8cm、口径 13cm、底径 7cm
青海省博物馆 藏

折线纹内彩陶盆

乐都柳湾遗址出土
马家窑文化马厂类型
高 7cm、口径 19cm、底径 8cm
青海省博物馆 藏

四大圆圈纹彩陶壶

乐都柳湾遗址出土
马家窑文化马厂类型
高 28cm、口径 11cm、底径 10cm、腹径 29cm
青海省博物馆 藏

四大圆圈纹彩陶壶 ①

乐都柳湾遗址出土
马家窑文化马厂类型
高 45cm、口径 13cm、底径 10cm、腹径 35cm
青海省博物馆 藏

蛙纹彩陶壶 ②

乐都柳湾遗址出土
马家窑文化马厂类型
高 37cm、口径 12cm、底径 10.5cm、腹径 35cm
青海省博物馆 藏

变形蛙纹彩陶壶 ③

乐都柳湾遗址出土
马家窑文化马厂类型
高 34.5cm、口径 13.2cm、底径 13cm、腹径 35.3cm
青海省博物馆 藏

折线纹彩陶壶 ④

乐都柳湾遗址出土
马家窑文化马厂类型
高 34.5cm、口径 11.5cm、底径 9.5cm、腹径 32cm
青海省博物馆 藏

①

②

③

④

变形蛙纹彩陶壶

乐都柳湾遗址出土
马家窑文化马厂类型
高 35cm、口径 10.7cm、底径 10.7cm、腹径 34cm
青海省博物馆 藏

四大圆圈纹彩陶壶

乐都柳湾遗址出土
马家窑文化马厂类型
高 41cm、口径 16cm、底径 10.6cm、腹径 47cm
青海省博物馆 藏

四大圆圈纹彩陶壶

乐都柳湾遗址出土
马家窑文化马厂类型
高 38cm、口径 11cm、底径 11cm、腹径 32cm
青海省博物馆 藏

四大圆圈纹彩陶壶

乐都柳湾遗址出土

马家窑文化马厂类型

高 38.5cm、口径 9.5cm、底径 13cm、腹径 34cm

青海省博物馆 藏

"卍"字网格纹彩陶罐 ①

乐都柳湾遗址出土

马家窑文化马厂类型

高 15cm、口径 7.5cm、底径 7.5cm、腹径 21cm

青海省博物馆 藏

回纹彩陶罐 ②

乐都柳湾遗址出土

马家窑文化马厂类型

高 13cm、口径 9cm、底径 6.5cm、腹径 15.5cm

青海省博物馆 藏

①

②

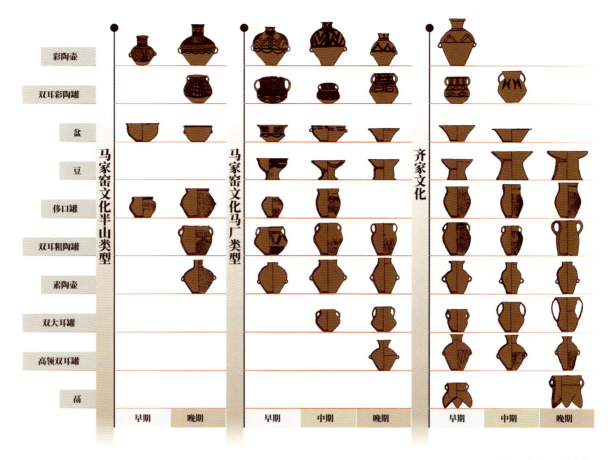

	马家窑文化半山类型		马家窑文化马厂类型			齐家文化		
彩陶壶								
双耳彩陶罐								
盆								
豆								
侈口罐								
双耳粗陶罐								
素陶壶								
双大耳罐								
高领双耳罐								
鬲								
	早期	晚期	早期	中期	晚期	早期	中期	晚期

· 柳湾墓地陶器分期图

在柳湾彩陶中已发现各种符号195种，反映着深刻的原始思维。关于彩陶符号存在着各种各样的假说，有专家认为符号是陶工的记号，也有的专家认为是部族的徽号，由于当时彩陶生产的各个工序可能有了专业分工，陶工标记的出现是一种原始的生产责任制的体现；也有人认为这些符号就是一些记事标志，如"一""＝""≡""≠""工""北""中""巾"等好像用来表示数量或物种的意思，是原始结绳记事的升华，似乎是一种早期文字的雏形，为文字的形成奠定了基础。

柳湾彩陶中的"十"和"卍"符号与同一时期同德、贵南、兴海等黄河上游地区的宗日式陶器中的"十"和"卍"符号有着惊人的相似性，反映着湟水与黄河上游地区两种部族存在着一定的交流与联系。虽然柳湾彩陶是马家窑文化的彩陶艺术由繁荣走向衰落的时期，但其中也不乏艺术精品，裸体人像彩陶壶、人头像彩陶壶、彩陶靴、蛙纹彩陶壶、鱼纹彩陶盆、鸮面罐无不凝聚着史前艺术的魅力，令人遐想联翩、叹为观止。

· "卍"和"卐"字纹图案，网格纹图案

四大圆圈纹彩陶壶

乐都柳湾遗址出土
马家窑文化马厂类型
高 32.5cm、口径 9cm、底径 10.5cm、腹径 30.5cm
青海省博物馆 藏

榴湾生产生活

　　榴湾先民的定居生活建立在原始农业经济基础之上，半山类型到齐家文化时期，随葬的陶器中普遍发现有粟的颗粒或者皮壳，表明了农业生产已经有了富余的粮食以供储存。石矛、石镞、铜镞、矢箙 (fú) 等器物的发现，表明狩猎在当时人们的经济生活中仍占有一定的比重。

　　手工业方面：彩陶的制作经历了由多变少，由繁到简的发展过程，彩绘在半山类型与马厂类型早期达到了繁荣阶段，后期逐渐趋于简化。齐家文化时期，制陶技艺在泥条盘筑的基础上，出现了慢轮制陶技术。纺织业具有一定的规模，石、陶纺轮以及骨针等纺织工具普遍被发现，墓葬中发现布纹痕迹，在一些陶器底部发现有编织纹样。

弦纹彩陶壶

乐都榴湾遗址出土
马家窑文化半山类型
高 30.5cm、口径 14cm、底径 11.5cm、腹径 35cm
青海省博物馆 藏

圆圈网纹彩陶罐

乐都柳湾遗址出土
马家窑文化马厂类型
高 18cm、口径 7.2cm、底径 7.8cm、腹径 16cm
青海省博物馆 藏

三角网格纹带流彩陶壶

乐都柳湾遗址出土
马家窑文化马厂类型
高 19.5cm、口径 9.5cm、底径 10.5cm、腹径 24cm
青海省博物馆 藏

折线纹彩陶罐

乐都柳湾遗址出土
马家窑文化马厂类型
高 11cm、口径 18cm、底径 7.9cm、腹径 20.5cm
青海省博物馆 藏

折线回纹敛口彩陶壶

乐都柳湾遗址出土
马家窑文化马厂类型
高 24.8cm、口径 12.5cm、底径 11.5cm、腹径 39cm
青海省博物馆 藏

折线纹长颈彩陶壶

乐都柳湾遗址出土
马家窑文化马厂类型
高 27.5cm、口径 10cm、底径 10.5cm、腹径 24cm
青海省博物馆 藏

折线纹彩陶壶

乐都柳湾遗址出土
马家窑文化马厂类型
高 33.5cm、口径 11.5cm、底径 9.5cm、腹径 31cm
青海省博物馆 藏

折线纹内彩陶钵

乐都柳湾遗址出土

马家窑文化马厂类型

高 11cm、口径 20.5cm、底径 9.5cm

青海省博物馆 藏

铜镞

乐都柳湾遗址出土

齐家文化

长 3.3cm、宽 1.45cm、厚 0.25cm

青海省博物馆 藏

红陶尊

乐都柳湾遗址出土

齐家文化

高 14cm、口径 17cm、底径 7.6cm

青海省博物馆 藏

鸮面陶罐

乐都柳湾遗址出土
齐家文化
通高 22cm、底径 9cm
青海省博物馆 藏

03 大河之殇

喇家遗址

　　喇家遗址位于青海省民和县官亭镇喇家村，地处官亭盆地黄河北岸二级台地，遗址总面积约 67.7 万平方米，是一个以齐家文化为主，包含有马家窑文化马家窑类型、辛店文化及汉唐遗存的中心聚落遗址。

　　1999～2007 年，中国社会科学院考古研究所、青海省文物考古研究所等单位联合对喇家遗址进行了为期 9 年的考古发掘，发掘面积约 3000 平方米，取得许多突破性的考古发现，遗址获评"2001 年度全国十大考古新发现"。2014—2019 年，青海省文物考古研究所联合多家单位再次对遗址展开发掘工作。发掘工作揭露出大量的房址、灰坑、壕沟、墓葬、广场、祭坛、杀祭坑、埋葬坑、陶窑等遗迹，出土了丰富的陶器、石器、骨器以及数量较多的玉器，发现了地震和洪水等多种灾难遗迹，显示了距今 3900 年前后喇家曾发生过重大的灾变。祭祀遗迹遗物的发现，表明了原始宗教和等级制度的发展，是社会组织复杂化的表现。漆器、白陶的发现反映了喇家手工业技术的领先地位。

齐家文化陶窑

　　2014年发掘揭露出喇家遗址第一座陶窑，为研究齐家文化陶器烧造技术增添了重要实物资料。遗址出土众多陶器，包括高领双耳罐、双大耳罐、侈口罐、单耳罐、双耳罐、带流罐、盉（hé）、豆、尊、盆、敛口瓮、半罐形器、碗、钵、单耳杯、器盖、纺轮、圆陶饼等。

窑床　　火眼　　　操作区

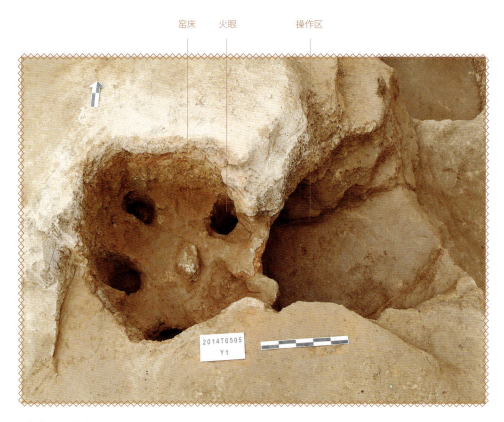

· 齐家文化陶窑 Y1 全景

夹砂陶罐

民和喇家遗址出土
齐家文化
高 23cm、口径 17cm、腹径 19cm
青海省文物考古研究所 藏

圆点弦纹彩陶罐

民和喇家遗址出土
马家窑文化马家窑类型
高 14cm、腹径 15cm
青海省文物考古研究所 藏

①

②

陶豆 ①

民和喇家遗址出土

齐家文化

高 13cm、盘径 19cm

青海省文物考古研究所 藏

红陶尊 ②

民和喇家遗址出土

齐家文化

高 16cm、口径 19cm

青海省文物考古研究所 藏

①

②

双大耳红陶罐

民和喇家遗址出土
齐家文化
高 10.5cm、口径 9.5cm
青海省文物考古研究所 藏

夹砂侈口陶罐

民和喇家遗址出土
齐家文化
高 13.6cm、口径 10cm、腹径 11.5cm
青海省文物考古研究所 藏

红陶罐

民和喇家遗址出土
齐家文化
高 19cm、口径 11cm、腹径 15cm
青海省文物考古研究所 藏

腹耳陶罐 ①

民和喇家遗址出土
齐家文化
高 24cm、口径 23cm、腹径 25cm
青海省文物考古研究所 藏

单耳陶罐 ②

民和喇家遗址出土
齐家文化
高 10cm、口径 8cm、腹径 9cm
青海省文物考古研究所 藏

夹砂陶罐 ③

民和喇家遗址出土
齐家文化
高 20cm、口径 13.3cm、腹径 15cm
青海省文物考古研究所 藏

①

②

③

高领陶壶

民和喇家遗址出土

齐家文化

高 47cm、腹径 40cm

青海省文物考古研究所 藏

穿孔陶刀

民和喇家遗址出土

马家窑文化

长 5cm、宽 4cm

青海省文物考古研究所 藏

国之大事 在祀与戎——喇家祭祀遗迹

　　遗址东南角台地发现了齐家文化时期的"小广场"，广场所在区域发现祭坛和高、低等级墓葬、祭祀坑、干栏式建筑等重要遗迹，在祭坛以北不远处发现较多玉器，这是遗址先民特殊的公共活动空间，更可能是一处重要的成体系的祭祀区域。它表明了宗教神权和等级制度的发展，是社会组织复杂化的表现，喇家遗址的祭坛在齐家文化中具有鲜明的代表性。

· 喇家祭祀遗迹

喇家礼器

　　齐家文化时期玉礼器的出现和用玉制度比较普遍。喇家遗址中出土了大量玉器，有玉刀、玉璧、三璜联璧、玉璧芯、玉环、玉管、玉凿、玉锛、玉饰、带孔玉器、陀螺形器等玉礼器，还有石磬、权杖等礼器，其中大型石磬、玉刀是具有"王者之气"的礼制用器。居址和墓葬中也发现玉器半成品，证明了喇家是当时的一个玉器生产地。经测试喇家玉石器具有明显的音乐声学性能，说明喇家先民已经具有比较成熟的音乐文化观念，也有绝对音高概念和音程概念。

石磬

民和喇家遗址采集
齐家文化
长 96cm、宽 61.5cm、厚 4.3cm
青海省博物馆 藏

玉料

民和喇家遗址出土

齐家文化

残长 7cm

青海省文物考古研究所 藏

玉璧

民和喇家遗址出土

齐家文化

外径 10.5cm、好上径 5.3cm、

好下径 4.97cm、厚 0.42～0.63cm

青海省文物考古研究所 藏

玉斧

民和喇家遗址出土

齐家文化

长 12.5cm、宽 7.1cm、厚 1.04～1.7cm、孔径 1.0cm

青海省文物考古研究所 藏

三璜联璧

民和喇家遗址出土
齐家文化
外径 7.3cm、好径 3.4cm、厚 0.36cm、
孔上径 0.36cm、孔下径 0.19cm
青海省文物考古研究所 藏

玉管

民和喇家遗址出土
齐家文化
长 5.2cm、上宽 1.6cm、下宽 2.2cm、上孔径 0.46cm
青海省文物考古研究所 藏

玉璧芯

民和喇家遗址出土
齐家文化
上径 4.2cm、下径 4.5cm、厚 0.7 ～ 0.97cm
青海省文物考古研究所 藏

石权杖头

民和喇家遗址出土
齐家文化
口径 8cm、厚 4cm
青海省文物考古研究所 藏

喇家灾难

　　喇家遗址已发掘清理 60 余座房址，上部结构均已不存。据残存迹象，不同区域或同一区域的房址建造结构有多样化的情况。

　　房址有圆形、椭圆形、方形、长方形等多种平面形制，受自然灾害或后期人为影响，部分房址形制受到一定程度损坏或变形。保存较好的房址多在门道前连接活动场地。除了单间房址、里外套间外，还有双间、三间房址共用一处门前活动场地的现象。

　　房址的建筑形式中，F20 为带有柱洞的地面式建筑，F21 则被推断为干栏式建筑。带有柱洞的建筑近年来虽有发现，但数量较少。喇家多数是四周为生土掏壁却未发现任何柱洞的建筑形式，以 F15 保存最好，生土壁最高处可达 2.54 米，又因建于断崖处，显示出窑洞式建筑的特点。

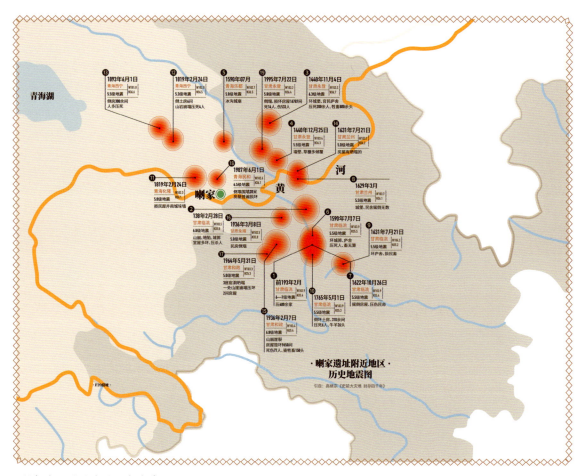

· 喇家遗址附近地区历史地震图

喇家先民的生产生活

　　虽然至今在喇家遗址内仍未发现手工作坊的遗迹，如制陶作坊、玉器作坊等，但是通过喇家遗址出土的各类器物，我们可以推测出当时的喇家先民有发达的手工业，摆脱了以狩猎为主的生存方式，转向以农业耕作和家畜饲养为主要经济来源的生存方式。

单孔石刀 [①]

民和喇家遗址出土
齐家文化
长 10cm、宽 3.8cm
青海省文物考古研究所 藏

①

石斧 [②]

民和喇家遗址出土
齐家文化
长 27cm、宽 8cm、厚 4cm
青海省文物考古研究所 藏

石凿 [③]

民和喇家遗址出土
齐家文化
长 6.4cm、宽 2.8cm、厚 2cm
青海省文物考古研究所 藏

③

②

骨锥 ①

民和喇家遗址出土
齐家文化
长 8.3cm
青海省文物考古研究所 藏

骨镞 ②

民和喇家遗址出土
齐家文化
长 7.2cm
青海省文物考古研究所 藏

骨笄 ③

民和喇家遗址出土
齐家文化
长 13cm
青海省文物考古研究所 藏

骨针 ④

民和喇家遗址出土
齐家文化
长 3.8cm
青海省文物考古研究所 藏

①　　　　②　　　　③　　　　④

石锛^①

民和喇家遗址出土
齐家文化
长 8cm、宽 4cm
青海省文物考古研究所 藏

石刀^②

民和喇家遗址出土
齐家文化
长 10cm、宽 5 cm
青海省文物考古研究所 藏

①

②

陶纺轮

民和喇家遗址出土
齐家文化
青海省文物考古研究所 藏

骨铲[1]

民和喇家遗址出土

齐家文化

长 19cm、宽 7cm

青海省文物考古研究所 藏

骨梳[2]

民和喇家遗址出土

齐家文化

长 14cm、宽 4cm

青海省文物考古研究所 藏

①

②

「湟水部落——沈那遗址」

104   早期东西方文化交流的重要节点

04 湟水部落

沈那遗址

　　沈那遗址位于西宁市城北区小桥大街西侧台地上，地处湟水及其支流北川河交汇处的二级台地上，台地东西窄，南北长，占地约 10 万平方米，是一处距今约 4000 年的齐家文化聚落遗址。文化内涵以齐家文化为主，兼有少量马家窑文化马家窑类型、半山类型和卡约文化遗存。1991—1993 年，青海省文物考古研究所对该遗址进行了发掘，发掘区域文化堆积层厚 2 米。同时出土齐家文化时期陶器、玉器、铜器、石器等一批重要器物，尤以出土的圆銎宽叶倒勾铜矛最具代表性，体量居于迄今为止发现的同类器物之最。该铜矛显现出的塞伊玛—图尔宾诺文化因素，说明早在齐家文化时期，湟水流域的先民已经同欧亚草原文明有了直接或间接的接触。

　　沈那遗址作为西宁市内保存较为完好的重要史前聚落遗址，具有面积大、人口较多、分布区域明确的特点，对于研究齐家文化的社会组织乃至湟水流域的活动，提供了非常重要的实物依据。

早期东西方文化交流的重要节点

塞伊玛—图尔宾诺式铜矛传播路线

塞伊玛——图尔宾诺文化

倒勾铜矛

夏家店下层文化

陶寺文化

齐家文化

二里头文化

塞伊玛——
图尔宾诺式铜矛传播路线

摘自林梅村《塞伊玛——图尔宾诺文化与史前丝绸之路》

石刀

西宁沈那遗址出土
齐家文化
长 4.8cm、宽 3.9cm、厚 0.6cm
青海省文物考古研究所 藏

陶拍

西宁沈那遗址出土
齐家文化
口径 4.3cm、厚 2.7cm
青海省文物考古研究所 藏

陶器盖

西宁沈那遗址出土
齐家文化
口径 10cm、厚 4.5cm
青海省文物考古研究所 藏

砍砸石器

西宁沈那遗址出土
齐家文化
直径 11cm、厚 3.7cm
青海省文物考古研究所 藏

卜骨

西宁沈那遗址出土
齐家文化
长 11.5cm、宽 3cm、厚 2.2cm
青海省文物考古研究所 藏

卜骨

西宁沈那遗址出土
齐家文化
长 15.7cm、宽 7.6cm、厚 2.5cm
青海省文物考古研究所 藏

石斧 ①

西宁沈那遗址出土
齐家文化
长 16cm、宽 6.5cm、厚 3.4cm
青海省文物考古研究所 藏

石斧 ②

西宁沈那遗址出土
齐家文化
长 14.4cm、宽 5.4cm、厚 3.7cm
青海省文物考古研究所 藏

石斧 ③

西宁沈那遗址出土
齐家文化
长 15.7cm、宽 6.4cm、厚 2.8cm
青海省文物考古研究所 藏

石斧 ④

西宁沈那遗址出土
齐家文化
长 18.4cm、宽 5.6cm、厚 3.8cm
青海省文物考古研究所 藏

石斧 ⑤

西宁沈那遗址出土
齐家文化
长 13.5cm、宽 6.3cm、厚 2.4cm
青海省文物考古研究所 藏

石斧 ⑥

西宁沈那遗址出土
齐家文化
长 14.7cm、宽 4.7cm、厚 3.9cm
青海省文物考古研究所 藏

①

②

③

④

⑤

⑥

单孔石刀 ①

西宁沈那遗址出土
齐家文化
长 8.7cm、宽 4.7cm、厚 0.9cm
青海省文物考古研究所 藏

单孔石刀 ②

西宁沈那遗址出土
齐家文化
长 8.5cm、宽 4.5cm、厚 0.9cm
青海省文物考古研究所 藏

①

②

石锛 ①

西宁沈那遗址出土

齐家文化

长 9cm、宽 3.7cm、厚 0.8cm

青海省文物考古研究所 藏

石凿 ②

西宁沈那遗址出土

齐家文化

长 8.6cm、宽 2.2cm、厚 1.6cm

青海省文物考古研究所 藏

石凿 ③

西宁沈那遗址出土

齐家文化

长 7.2cm、宽 2.1cm、厚 2cm

青海省文物考古研究所 藏

①

②

③

05 戎羌故里

核桃庄墓地

　　核桃庄墓地群位于青海省民和县核桃庄村东，包括单家沟、小旱地、东大坡、山家头、拱北台等多处墓地。1978～1980年，青海省文物处组织考古队联合民和县文化馆对小旱地区域进行了全面发掘。小旱地墓地是一处典型的以辛店文化遗存为主的墓地，共发掘墓葬367座，出土彩陶567件和若干铜器、石器、骨器，其中彩陶尤为精美。1980年再次对小旱地南面山家头墓地进行了发掘，发掘辛店文化山家头类型的墓葬33座，出土陶器69件，另有石器、骨器等。

　　核桃庄墓地是目前公布的辛店文化考古发掘和研究中数量最大、最完整的墓地。墓地的地层关系证明了山家头墓地为代表的遗存早于辛店文化姬家川类型，山家头类型是齐家文化向辛店文化姬家川类型的一个过渡类型，也是辛店文化的早期类型，对于研究辛店文化的渊源、当地考古学文化谱系及聚落形态具有重要价值。

素陶壶

民和核桃庄墓地出土
辛店文化山家头类型
高 37.5cm、口径 17.7cm、底径 13cm、腹径 35.4cm
青海省博物馆 藏

绳纹陶罐

民和核桃庄墓地出土
辛店文化山家头类型
高 14cm、口径 8.9cm、腹径 13cm
青海省博物馆 藏

双錾陶盆 [1]

民和核桃庄墓地出土
辛店文化山家头类型
高 5.2cm、口径 12.4cm
青海省文物考古研究所 藏

深腹陶盆 [2]

民和核桃庄墓地出土
辛店文化山家头类型
高 7.8cm、口径 14.8cm、腹径 14.8cm
青海省文物考古研究所 藏

双耳陶罐 [3]

民和核桃庄墓地出土
辛店文化山家头类型
高 16cm、口径 8.4cm、腹径 15.6cm
青海省文物考古研究所 藏

①

②

③

直口陶罐

民和核桃庄墓地出土
辛店文化山家头类型
高 18.2cm、口径 10cm、腹径 14.4cm
青海省文物考古研究所 藏

蜥蜴纹彩陶壶

民和核桃庄墓地出土
辛店文化姬家川类型
高 28.5cm、口径 18cm、底径 1cm、耳距 33cm
青海省博物馆 藏

双勾纹彩陶壶

民和核桃庄墓地出土
辛店文化姬家川类型
高 35cm、口径 16cm、底径 10cm、耳距 32cm
青海省博物馆 藏

双勾纹彩陶壶 ①

民和核桃庄墓地出土
辛店文化姬家川类型
高 41.5cm、口径 16cm、底径 11cm、腹径 37.6cm
青海省博物馆 藏

鸟纹彩陶壶 ②

民和核桃庄墓地出土
辛店文化姬家川类型
高 34cm、口径 16.5cm、底径 10.2cm、耳距 31.3cm
青海省博物馆 藏

双勾纹彩陶壶 ③

民和核桃庄墓地出土
辛店文化姬家川类型
高 42cm、口径 19cm、底径 12cm、耳距 39.2cm
青海省博物馆 藏

双勾纹彩陶壶 ④

民和核桃庄墓地出土
辛店文化姬家川类型
高 43.8cm、口径 19cm、底径 10.5cm、耳距 39.5cm
青海省博物馆 藏

①

②

③

④

变形鸟纹彩陶罐 ^①

民和核桃庄墓地出土
辛店文化张家嘴类型
高 11.5cm、口径 8.4cm、底径 3.5cm、耳距 11.5cm
青海省博物馆 藏

双勾纹彩陶罐 ^②

民和核桃庄墓地出土
辛店文化张家嘴类型
高 17.2cm、口径 10.5cm、底径 5.5cm、耳距 15.6cm
青海省博物馆 藏

双勾纹彩陶罐 ^③

民和核桃庄墓地出土
辛店文化张家嘴类型
高 19cm、口径 10.5cm、底径 5cm、耳距 15cm
青海省博物馆 藏

①

②

③

变形鸟纹彩陶罐 ①

民和核桃庄墓地出土
辛店文化张家嘴类型
高 7cm、口径 12.3cm、底径 4.5cm、耳距 14cm
青海省博物馆 藏

鸟纹彩陶壶 ②

民和核桃庄墓地出土
辛店文化张家嘴类型
高 30cm、口径 14cm、底径 7cm、耳距 23.6cm
青海省博物馆 藏

变形鸟纹彩陶壶 ③

民和核桃庄墓地出土
辛店文化张家嘴类型
高 21.5cm、口径 12cm、底径 7.5cm、耳距 28cm
青海省博物馆 藏

①

②

③

铜泡①

民和核桃庄墓地出土
辛店文化
直径 1.2cm
青海省博物馆 藏

铜泡②

民和核桃庄墓地出土
辛店文化
直径 2cm
青海省博物馆 藏

铜泡③

民和核桃庄墓地出土
辛店文化
直径 2.8cm
青海省博物馆 藏

铜泡④

民和核桃庄墓地出土
辛店文化
直径 1.7cm
青海省博物馆 藏

铜泡⑤

民和核桃庄墓地出土
辛店文化
直径 1.7cm
青海省博物馆 藏

铜泡⑥

民和核桃庄墓地出土
辛店文化
直径 2.3cm
青海省博物馆 藏

①　　　　②

③

④

⑤

⑥

铜牌饰

民和核桃庄墓地出土
辛店文化
长 2.3cm、宽 1.9cm
青海省博物馆 藏

石珠串饰

民和核桃庄墓地出土
辛店文化
通长 42cm
青海省博物馆 藏

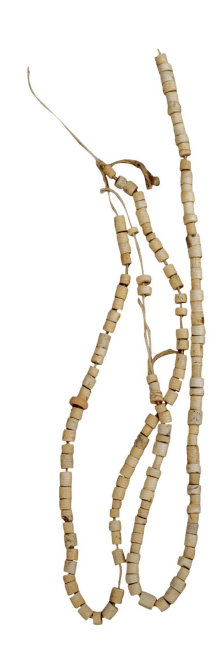

牙饰 ①

民和核桃庄墓地出土
辛店文化
直径 1.6cm
青海省博物馆 藏

红玛瑙珠串饰 ②

民和核桃庄墓地出土
辛店文化
直径 0.6cm
青海省博物馆 藏

带孔骨器 ③

民和核桃庄墓地出土
辛店文化
长 5.7cm、宽 1.4cm
青海省博物馆 藏

骨梳 ④

民和核桃庄墓地出土
辛店文化
长 13.5cm、宽 2.1cm、厚 0.9cm
青海省博物馆 藏

石球 ⑤

民和核桃庄墓地出土
辛店文化
直径 7.5cm
青海省博物馆 藏

砺石 ⑥

民和核桃庄墓地出土
辛店文化
长 4.2cm、宽 1cm
青海省博物馆 藏

①　　　　②

③

④

⑤

⑥

06　神权膜拜

潘家梁墓地

潘家梁墓地位于西宁市湟中区李家山乡下西河村东南约 300 米，1981—1982 年，青海省文物处组织考古队对该墓地进行了发掘。共发掘卡约文化墓葬 244 座，汉代墓葬 5 座，出土遗物 6958 件。卡约文化墓葬以竖穴偏洞墓为主，兼有少量的长方形竖穴土坑墓。盛行二次扰乱葬，未被扰乱的墓葬均为仰身直肢，二次扰乱葬与原始灵神认知有关，通过让尸体暴露使灵魂得以再生。墓葬中还发现有物祭、牲祭、人祭等祭祀现象。约 10% 的墓葬具有人殉现象，反映了奴隶制度存在的可能。

随葬品的种类反映出当时男女分工明确，男性主要承担生产和保卫氏族的工作，在职能上超越了女性成为氏族中的领袖，社会处于母权崩溃、父权确立的时期，大量成年男女合葬、成年女性与儿童合葬的现象反映了一夫一妻的家庭形式成为氏族社会的基本单元，社会组织核心主要是家庭和血缘家族。

祭祀陶器

潘家梁墓地发现有四耳大陶罐 81 件、双耳大陶罐 2 件、无耳花边口沿大陶罐 1 件，共 84 件。这些陶器不是放置在墓内，而是置于墓葬开口线上，并不明确针对某一座墓葬，这些有意放置在墓地的大型陶器可能与进行二次扰乱葬时的祭祀活动有关。

红陶罐

湟中潘家梁墓地出土
卡约文化
高 16.6cm、口径 14.1cm、底径 7.3cm、腹径 17.1cm
湟中区博物馆 藏

灰陶罐①

湟中潘家梁墓地出土
卡约文化
高 12.5cm、口径 7.3cm、底径 4.4cm、腹径 15.5cm
湟中区博物馆 藏

灰陶罐②

湟中潘家梁墓地出土
卡约文化
高 15.5cm、口径 8.4cm、底径 5cm、腹径 15cm
湟中区博物馆 藏

①

②

红陶罐

湟中潘家梁墓地出土

卡约文化

高 13.2cm、口径 9cm、底径 6cm、腹径 13cm

湟中区博物馆 藏

灰陶罐

湟中潘家梁墓地出土

卡约文化

高 16.7cm、口径 9cm、底径 5.8cm、腹径 16.5cm

湟中区博物馆 藏

红陶罐

湟中潘家梁墓地出土

卡约文化

高 15.4cm、口径 12.7cm、底径 6.2cm、腹径 16.7cm

湟中区博物馆 藏

花边口沿无耳陶罐

湟中潘家梁墓地出土

卡约文化

高 13cm、口径 9.4cm、底径 5.3cm、腹径 12.2cm

湟中区博物馆 藏

宗教礼仪用器

　　墓中出土的铜质工具均不是实用器，刃部不开刃，有的在刃部还有意识地做出缺口。铜钺、铜斧可能作为特殊权力象征的礼仪用器。卡约文化铜斧、铜钺上的装饰风格与陕西淳化县黑豆嘴等地出土的商周之交的青铜器存在着密切联系，可能是受卡约文化影响的结果。

铜泡

湟中潘家梁墓地出土
卡约文化
湟中区博物馆 藏

连珠铜牌饰

湟中潘家梁墓地出土
卡约文化
长 2.5cm、宽 1.3cm、厚 0.2cm
湟中区博物馆 藏

铜铃

湟中潘家梁墓地出土
卡约文化
最大高 4.9cm、口径 3.3cm；最小高 3.5cm、口径 2.5cm
湟中区博物馆 藏

铜镞

湟中潘家梁墓地出土
卡约文化
长 3.7cm、宽 0.8cm
湟中区博物馆 藏

铜斧 ①

湟中潘家梁墓地出土
卡约文化
斧长 7.8cm、刃宽 4.4cm
湟中区博物馆 藏

铜斧 ②

湟中潘家梁墓地出土
卡约文化
斧长 7.4cm、刃宽 3.4cm
湟中区博物馆 藏

铜斧 ③

湟中潘家梁墓地出土
卡约文化
斧长 4.8cm、刃宽 3.1cm
湟中区博物馆 藏

①

②

③

生产生活用具及装饰品

　　潘家梁卡约文化墓葬中的随葬器物男女有别，铜斧、铜钺、石斧、石镞、骨镞、铜镞、细石器及铜刀等生产工具，主要出于男性墓葬中，纺轮及骨针类多出于女性墓葬中，这表明男女分工已经形成。男性主要从事畜牧、狩猎和农业生产，并担负着保卫氏族等工作，女子则从事家务劳动。生产分工的形成，使得男性"取得了劳动工具所有权"，在家庭中占据更重要的地位，这样导致了母权制的解体，父权制开始确立。

　　潘家梁墓地未见长方形石刀、锛、铲、凿等农业工具，随葬陶器数量少。随葬品主要是小型饰品，以便适应经常移动的生活形态，未见以粮食为主要饲料的猪骨，取而代之的是羊、马、牛等草食动物骨骼，反映了以游牧为主的经济形态。

鹿牙饰

湟中潘家梁墓地出土
卡约文化
最大长 2.5cm、宽 1.5cm、厚 0.3cm
最小长 2cm、宽 1cm、厚 0.2cm
湟中区博物馆 藏

骨镞①

湟中潘家梁墓地出土
卡约文化
①-1 长 11.4cm、宽 1.5cm
①-2 长 3.8cm、宽 0.9cm
湟中区博物馆 藏

骨珠②

湟中潘家梁墓地出土
卡约文化
最大长 2.1cm、最小长 0.6cm
湟中区博物馆 藏

骨管③

湟中潘家梁墓地出土
卡约文化
长 12.6cm、宽 1.2cm
湟中区博物馆 藏

①-2

①-1

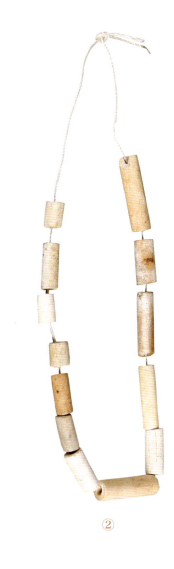

②

③

「**多元一体 ——上孙家寨墓地**」

07

多元一体

上孙家寨墓地

上孙家寨墓地位于西宁市大通县长宁镇上孙家寨村西北。1973—1981年，青海省文物考古研究所、中国社会科学院考古研究所甘青队、甘肃省博物馆以及青海省部分州县的文物工作者对该墓地进行了大规模的发掘，同时北京大学、西北大学、吉林大学的部分师生参加了实习发掘及整理工作。共发掘马家窑类型墓葬21座，齐家文化墓葬2座，辛店文化墓葬2座，卡约文化墓葬565座，唐汪类型墓葬512座，汉晋时期墓葬182座。出土文物包括生产工具、生活用具、装饰品等30000余件。该遗址既有居址又有墓葬，从马家窑类型到西晋时期延续时间长达3600年之久，墓地规模大，包含有多个文化类型，是湟水中上游地区最具代表性的遗址。

史前时期的墓葬

上孙家寨墓地的考古发掘，拉开了青海省基本建设考古的序幕。史前时期的墓葬文化类型丰富，延续时间颇长，年代早迄马家窑时期，晚至青铜时代卡约文化，专家据此建立了湟水中上游地区的早期文化谱系，为该地区后续的史前考古研究工作打下了坚实的基础。

刻划鹰纹陶罐

大通上孙家寨墓地出土
卡约文化
高 25.5cm、口径 19cm、底径 8cm、腹径 24.3cm
青海省博物馆 藏

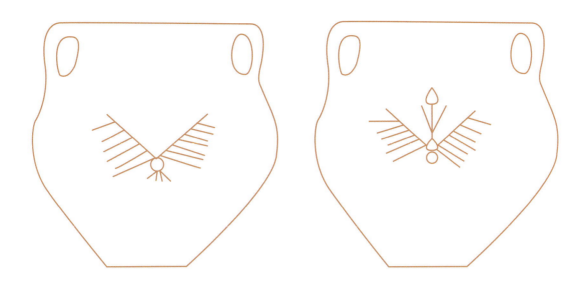

　第七章 —— 多元一体

双孔石刀

大通上孙家寨墓地出土
卡约文化
长 11.2cm、宽 2.8cm
青海省文物考古研究所 藏

石凿

大通上孙家寨墓地出土
卡约文化
长 8.2cm、上端宽 1.8cm、下端宽 2.5cm、厚 1.3cm
青海省文物考古研究所 藏

砺石

大通上孙家寨墓地出土
卡约文化
长 5.76cm、宽 2.4cm
青海省文物考古研究所 藏

玛瑙珠

大通上孙家寨墓地出土

卡约文化

直径 0.74cm

青海省文物考古研究所 藏

连珠铜牌饰

大通上孙家寨墓地出土

卡约文化

长 2.47cm、宽 1.56cm

青海省文物考古研究所 藏

铜铃

大通上孙家寨墓地出土

卡约文化

高 2.66cm

青海省文物考古研究所 藏

骨纺轮 ①

大通上孙家寨墓地出土

卡约文化

直径 5.5cm、厚 0.85cm

青海省文物考古研究所 藏

骨饰 ②

大通上孙家寨墓地出土

卡约文化

长 3 cm

青海省文物考古研究所 藏

石贝饰 ③

大通上孙家寨墓地出土

卡约文化

长 1.44 ～ 1.94cm、宽 0.75 ～ 1.36cm

青海省文物考古研究所 藏

海贝饰 ④

大通上孙家寨墓地出土

卡约文化

最大长 2.22cm、宽 1.57cm

最小长 1.68cm、宽 1.06cm

青海省文物考古研究所 藏

①

②

③

④

骨管、骨针 [①]

大通上孙家寨墓地出土

卡约文化

骨管长 10.44cm、口径 1.44cm；骨针长 5.87～6cm

青海省文物考古研究所 藏

骨锥 [②]

大通上孙家寨墓地出土

卡约文化

长 11.75cm

青海省文物考古研究所 藏

①

②

灰陶罐

大通上孙家寨墓地出土

卡约文化

高 22cm、口径 14cm、底径 7.5cm、腹径 16.5cm

青海省文物考古研究所 藏

红陶罐

大通上孙家寨墓地出土

卡约文化

高 15.5cm、口径 14cm、底径 7cm、腹径 16cm

青海省文物考古研究所 藏

涡纹彩陶罐

大通上孙家寨墓地出土

唐汪类型

高 19.5cm、口径 9.5cm、底径 7cm、腹径 12.3cm

青海省文物考古研究所 藏

回纹彩陶罐 ①

大通上孙家寨墓地出土
唐汪类型
高 21cm、口径 11cm、底径 5cm、腹径 13cm
青海省文物考古研究所 藏

彩陶罐 ②

大通上孙家寨墓地出土
唐汪类型
高 18cm、口径 10cm、腹径 15cm
青海省文物考古研究所 藏

回纹彩陶罐 ③

大通上孙家寨墓地出土
唐汪类型
残高 15.5cm、底径 4.4cm、腹径 11cm
青海省文物考古研究所 藏

涡纹彩陶罐 ④

大通上孙家寨墓地出土
唐汪类型
残高 15.5cm、口径 5cm、底径 8cm、腹径 12cm
青海省文物考古研究所 藏

①

②

③

④

汉晋时期的墓葬

　　上孙家寨墓地共发掘汉晋时期的墓葬 182 座，墓葬分为土圹墓、木椁墓和砖室墓三大类。汉晋墓葬年代从西汉昭帝至西晋时期，延续了约 400 年。墓葬所反映的文化面貌以汉文化为主体，包含有羌、小月氏、匈奴（包括匈奴别部卢水胡）、鲜卑诸部等诸多因素，反映了各少数民族文化逐步融入汉文化的过程。上孙家寨墓地规模庞大，发掘墓葬数量较多，时间跨度较长，墓葬的分期在河湟地区的汉晋墓研究中具有重要的参考意义，墓葬中反映的信息丰富，是研究河湟地区汉晋历史文化的重要资料。

　　汉代以来，活跃于青海地区的民族有汉、羌、小月氏、匈奴、鲜卑诸部等，各民族之间有着密切的交流与联系，魏晋至十六国时期，在长期的纷争和交往过程中逐步融为一体，犁耕农业、儒家文化、道教思想深入河湟地区。在物质文化遗存方面往往存在着你中有我、我中有你的现象，特别是湟水流域这一时期的墓葬通常使用汉式墓葬形制和汉式灰陶器、汉制铜镜、铜钱等随葬品。一些少数民族的文化因素仅表现在墓葬中便携的金属器物、骨器、装饰品及器物纹饰上。

琉璃耳珰①

大通上孙家寨墓地出土
汉
高 1.5cm
青海省博物馆 藏

琉璃耳珰②

大通上孙家寨墓地出土
汉
直径 1.6cm
青海省博物馆 藏

琉璃耳珰③

大通上孙家寨墓地出土
汉
直径 1.1cm
青海省博物馆 藏

琉璃耳珰④

大通上孙家寨墓地出土
汉
直径 1.6cm
青海省博物馆 藏

琉璃耳珰⑤

大通上孙家寨墓地出土
汉
底直径 1cm、顶直径 1.2cm
青海省博物馆 藏

①

②

③

④

⑤

玻璃珠 ①

大通上孙家寨墓地出土
汉
直径 0.5cm
青海省博物馆 藏

琉璃珠 ②

大通上孙家寨墓地出土
汉
直径 1cm
青海省博物馆 藏

绿松石珠 ③

大通上孙家寨墓地出土
汉
长 2cm、宽 1.7cm
青海省博物馆 藏

琥珀珠 ④

大通上孙家寨墓地出土
汉
长 3cm、宽 2cm
青海省博物馆 藏

①

②

③

④

红玛瑙珠串饰

大通上孙家寨墓地出土

汉

青海省博物馆 藏

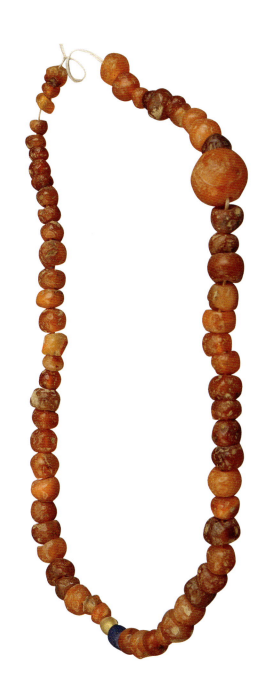

"五铢"铜钱 ①

大通上孙家寨墓地出土
汉
直径 2.5cm
青海省博物馆 藏

"货泉"铜钱 ②

大通上孙家寨墓地出土
汉
直径 2cm
青海省博物馆 藏

"大泉五十"铜钱 ③

大通上孙家寨墓地出土
汉
直径 2.9cm
青海省博物馆 藏

"大布黄千"铜钱 ④

大通上孙家寨墓地出土
汉
长 5.5cm、宽 2.3cm
青海省博物馆 藏

①

②

③

④

连弧纹铭文铜镜 ①

大通上孙家寨墓地出土
汉
直径 6.1cm
青海省博物馆 藏

四乳四虺纹铜镜 ②

大通上孙家寨墓地出土
汉
直径 6.5cm
青海省博物馆 藏

铜环 ③

大通上孙家寨墓地出土
汉
直径 3.5cm
青海省博物馆 藏

铜铺首 ④

大通上孙家寨墓地出土
汉
长 4.3cm、宽 4cm
青海省博物馆 藏

带纽铜镜 ⑤

大通上孙家寨墓地出土
汉
直径 14cm
青海省博物馆 藏

①

②

③

④

⑤

金花饰 ①

大通上孙家寨墓地出土
汉
直径 4.5cm
青海省博物馆 藏

金花饰 ②

大通上孙家寨墓地出土
汉
直径 6cm
青海省博物馆 藏

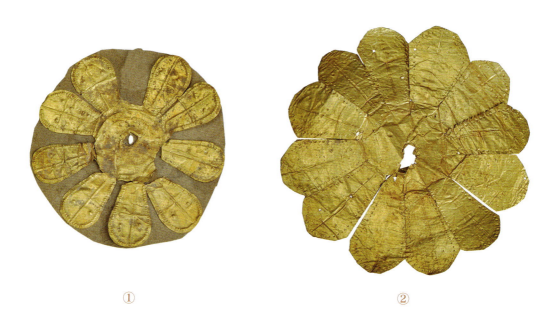

①　②

釉陶盘

大通上孙家寨墓地出土
汉
厚 2cm、直径 33.5cm
青海省博物馆 藏

釉陶壶

大通上孙家寨墓地出土

汉

高 38cm、口径 14.5cm、底径 14.5cm、腹径 29cm

青海省博物馆 藏

灰陶灶

大通上孙家寨墓地出土
汉
长 25.5cm、宽 17.8cm、高 13cm
青海省博物馆 藏

灰陶仓

大通上孙家寨墓地出土
汉
通高 11cm、底径 14.5cm
青海省博物馆 藏

灰陶井

大通上孙家寨墓地出土
汉
高 8.5cm、口径 6.5cm、底径 6.4cm
青海省博物馆 藏

木简

大通县上孙家寨墓地出土

汉

青海省博物馆 藏

灰陶仓

大通上孙家寨墓地出土
魏晋
通高 9.5cm、底径 12cm
青海省博物馆 藏

灰陶罐 ②

大通上孙家寨墓地出土
魏晋
高 13.5cm、口径 8.8cm、腹径 15.5cm
青海省博物馆 藏

釉陶壶 ③

大通上孙家寨墓地出土
魏晋
高 41cm、口径 16cm、底径 16cm、腹径 20cm
青海省博物馆 藏

①

②

③

08 黄金之丘

热水
墓群

　　热水墓群位于青海省都兰县热水乡扎玛日村血渭草场，共有封土墓 300 余座，是青海境内面积最大、保存封土最多、墓葬等级最高的一处唐 (吐蕃) 时期墓葬群。自 1982 年以来，青海省文物考古研究所、北京大学、陕西省考古研究院、中国社会科学院考古研究所联合海西州文物部门发掘墓葬 70 余座，出土了一批精美的丝织品、金银器、陶器、木器、玻璃、玛瑙、绿松石饰品。热水墓群历经多次发掘，并于 1996 年度、2020 年度两次被评为"全国十大考古新发现"。

发掘黄金之丘——2018血渭一号墓的发掘

2018—2020 年中国社会科学院考古研究所与青海省文物考古研究所联合对热水墓群中一座高规格的墓葬——2018 血渭一号墓进行了发掘。该墓规模巨大，形制复杂，由地上和地下两部分组成。地上为墓园建筑，平面呈方形，由茔墙、祭祀建筑以及封土和回廊组成。地下部分由墓道、殉马坑、照墙、甬道、墓门、墓圹、二层台、殉牲坑、三层台、砾石层、四层台、墓室组成。墓室为木石构建的五室结构，与文献"墓作方形……其内有五殿，四方墓形自此始""在陵内建神殿五座"等记载相吻合。

2019 年发掘 2018 血渭一号墓全景

热水墓群 2018 血渭一号墓形制图

该墓出土双狮日月金牌饰、金胡瓶、錾指金杯、镶绿松石金链、镶绿松石凤钗、贴金骑射人物银饰片、玻璃器、漆盘、漆铠甲等器物 3000 余件。墓葬出土的银金合金印章，为研究墓主人身份和族属提供了重要的依据。

经科学测定，该墓的年代在 8 世纪中期左右（树木年轮测定 744±35 年），是热水墓群乃至青藏高原发现的布局最完整、结构最清晰、形制最复杂的高等级墓葬之一，为研究唐（吐蕃）时期青藏高原的葬制、葬俗及唐与少数民族关系史、丝绸之路交通史、物质文化交流史等相关问题提供了重要的实物依据。

双狮日月金牌饰

都兰 2018 血渭一号墓出土
唐
长 10.3cm、宽 6.2cm
热水联合考古队提供

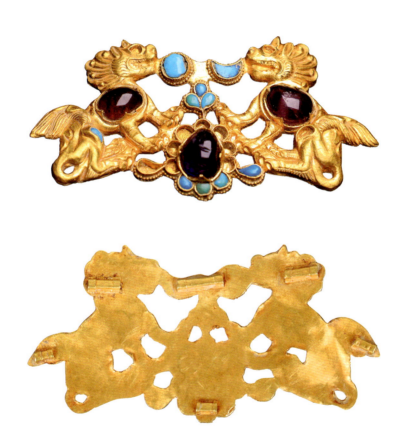

镶绿松石金凤钗

都兰 2018 血渭一号墓出土
唐
长 22cm
热水联合考古队提供

镶绿松石金链

都兰 2018 血渭一号墓出土

唐

长 82.4cm、直径 0.5cm、搭扣圆环直径 0.71cm

热水联合考古队提供

金胡瓶 ①

都兰 2018 血渭一号墓出土

唐

高 21cm

热水联合考古队提供

錾指金杯 ②

都兰 2018 血渭一号墓出土

唐

高 6.5cm、口径 11cm、圈足径 4cm、器壁厚 0.3cm

热水联合考古队提供

①

②

玛瑙串珠

都兰 2018 血渭一号墓出土
唐
热水联合考古队提供

09 雪山古道

南亚廊道调查

　　南亚廊道是丝绸之路的一部分，主要指从长安出发，分别经四川、青海入藏或经陕西、四川、云南最终通往南亚、东南亚的古代道路，青海境内的唐蕃古道是南亚廊道的主线之一。为了配合丝绸之路南亚廊道的申遗活动，对其提供学术支撑，青海省文物考古研究所和西北大学等多家单位联合组队进行了大规模的考古调查、勘探及小面积试掘。2017～2020 年，完成了南亚廊道主线及部分辅线、沿线遗迹的调查，共调查主线长 1363 公里，辅线长约 600 公里，登记沿线的遗址、墓葬、城址、烽燧、岩画、石刻、渡口等约 170 处，其中新发现 50 多处。

　　通过本次调查和勘探，对古道的走向和分布，沿线不同时期文化遗存的分布、内涵、价值及保存状况等，有了更深入的了解，掌握了大量科学的第一手资料，为深入研究丝绸之路南亚廊道、制定保护规划和申遗工作奠定了坚实的基础。

· 南亚廊道（唐蕃古道）路线图 ·

阁川驿
（那曲）

农歌驿
（羊八井）

逻些
（拉萨）

海北藏族
自治州

鄯城
（西宁）

鄯州
（乐都）

兰州

海南藏族
自治州

赤岭
（日月山）

凤林关
（炳灵寺）

河州
（临夏）

烈谟海
（苦海）

狄道
（临洮）

黄河沿

果洛藏族
自治州

众龙驿
（清水河）

秦州
（天水）

长安
（西安）

玉树藏族
自治州

2017—2020 年南亚廊道调查工作照

①烽火台调查现场

②班玛县牛山岩画调查现场

南亚廊道青海段调查发现的重要城址、道路、驿站、桥址航拍图

①民和县胡拉海西山古道

②共和县倒淌河古道局部

③兴海县切吉古道局部

④玉树勒巴沟口"礼佛图"中的供养人像

⑤唐蕃军事重镇石堡城（湟源县日月乡大小方台）

⑥伏俟城内城

小方台

大方台

兽面纹瓦当

海南州贵南县森多桥出土
宋
直径 12.7cm
青海省文物考古研究所 藏

兽面纹瓦当 ②

海南州贵南县森多桥出土
宋
直径 11.9cm
青海省文物考古研究所 藏

佛像瓦当 ③

海南州贵南县森多桥出土
宋
直径 14cm
青海省文物考古研究所 藏

①

②

③

兽面纹滴水 ①

海南州贵南县森多桥出土
宋
长 16.5cm、宽 9.5cm
青海省文物考古研究所 藏

兽面纹滴水 ②

海南州贵南县森多桥出土
宋
长 17cm、宽 9cm
青海省文物考古研究所 藏

①

②

10 妙手回春

青海
文物
保护
工作

　　青海省文物考古研究所技术部主要承担全省出土文物的保护修复工作，在陶质、木器、丝绸、纸质文物保护修复方面有着丰富的经验。在四十多年文物保护事业中，文保人员严格按照文物保护修复原则和流程，用灵巧的双手将尘封泥土的一件件精美文物呈现于世人面前，累计保护修复考古发掘出土各类文物数千件。先后与敦煌研究院、中国社会科学院考古研究所、荆州文物保护中心、南京博物院和秦始皇帝陵博物院等单位合作，完成了喇家房址加固保护、纺织品、彩陶、纸质等国家重点文物保护修复项目。特别是与瑞士阿贝格基金会通过三年合作完成所藏纺织品修复项目，积累了一整套的先进文物保护理念和技术，培养出一支业务素质强、技术过硬的保护修复队伍。

陶制文物保护修复

01 文物分析检测

①结晶盐的微观检

②陶器制作痕迹

①霉斑

④纹饰褪色、脱落

02 陶器文物病害调查

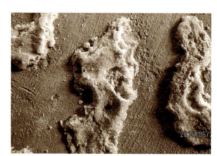

②结晶盐

③不当修复

03 文物保护修复过程

①清理陶片

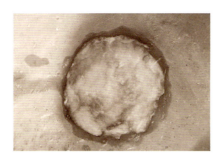

②脱盐处理

④拼对粘接及固定

③陶片茬口封护

⑤残缺部位补配　　　⑥陶器纹饰加固

04 文物修复前后对比

①修复前

②修复后

彩陶壶

民和马牌墓地出土

马家窑文化

高 33.4cm、口径 10.4cm、腹径 31cm

青海省文物考古研究所 藏

彩陶壶

乐都双二东坪遗址出土

马家窑文化

高 11.4cm、口径 9.6cm、腹径 25.5cm

青海省文物考古研究所 藏

彩陶壶

民和阳山墓地出土

马家窑文化

高 38.8cm、口径 14.7cm、腹径 39cm

青海省文物考古研究所 藏

葫芦形六耳彩陶罐

乐都双二东坪遗址出土
辛店文化
高 25.2cm、口径 8.5cm、腹径 12cm
青海省文物考古研究所 藏

纺织品文物保护修复

01 文物分析检测

①纺织品文物质地检测

②微观分析（织锦丝线换线局部）

02 纺织品文物病害调查

②糟朽

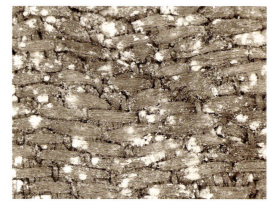

①污染物

①在加湿容器中揭展

03 文物保护修复过程

②用吸尘器进行表面附着物的清理

③回潮平整

④背衬加固材料的染色

⑤针线缝补

⑥包装存储

①修复前

▲▲

04 文物修复前后对比

③修复前

④修复后

⑤此件文物的纹饰图

②修复后

褐地刺绣花卉首饰方巾 ①

都兰哇沿水库出土
唐
长 19.7cm、宽 17.3cm
青海省文物考古研究所 藏

黄地花卉狮子暗纹绫 ②

都兰哇沿水库出土
唐
长 45.2cm、宽 41.4cm
青海省文物考古研究所 藏

①

②

右衽上衣

都兰哈日赛墓地出土

唐

衣长 63.5cm、袖口宽 18cm、下摆宽 73.7cm

青海省文物考古研究所 藏

纸质文物保护修复（元代纸币）

修复前的元代纸币

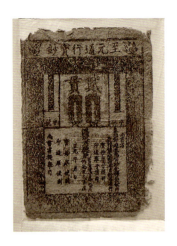

病害特征

病害调查（与玻璃粘连）

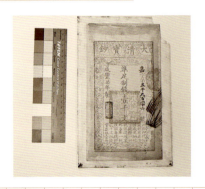

修复后的元代纸币

包装存储

①文物含水率检测

②文物纤维观测

③清洗

⑤补浆

④制作纸浆

⑥修整边缘

贰贯"至元通行宝钞"纸币

海西州柴达木盆地格尔木农场出土
元
长 29.7cm、宽 22.1cm
青海省文物考古研究所 藏

皮质文物保护修复（晗日赛墓地出土皮靴）

修复前的皮靴

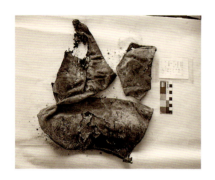

处理后的靴底

保护后的靴筒一侧

保护后的靴筒另一侧

拼对后

修复后的皮靴

①初步清理

②吸尘清理

③回软处理

④缝补加固

皮靴

都兰哈日赛墓地出土

唐

靿高 44.7cm、靿围 49cm、靴底长 23.4cm

青海省文物考古研究所 藏

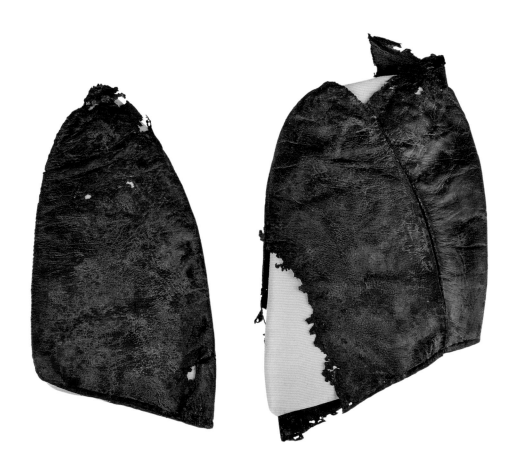

第十章 —— 妙手回春

11 硕果累累

青海考古研究成果

田野考古发掘工作通过全面提取地下各类埋藏信息，为古代青海历史、民族、宗教、民俗、艺术、地理、环境、生业模式、手工业技术研究提供了最基础的资料，是各学科研究不竭的源泉，每一次新的考古发现都引起相关学科的关注，重新审视和解读相关历史现象。考古作为一门基础学科，推动着诸多相关社会、自然学科的发展。

据不完全统计，新中国成立以来国内外出版与青海考古有关的调查、发掘报告、研究专著、论文集、文物志、文物画册有80余部，发表研究论文、发掘简报、考古年鉴、年报及科普类文章600余篇。

青海文化丛书

张宁 主编
吕霞 耿占坤 副主编

青海文化·考古卷

李智信 主编
乔虹 于清倩 副主编

青海人民出版社

青海考古五十年文集

青海人民出版社

中国文物地图集

青海分册

中国地图出版社

青海彩陶

文物出版社

青海柳湾 上

文物出版社

青海柳湾 下

文物出版社

民和阳山

文物出版社

喇家吐谷

科学出版社

民和核桃庄

上孙家寨汉晋墓

文物出版社

贵南尕马台

青海省文物考古研究所
北京大学考古文博学院 编著

科学出版社

再现文明——青海省基本建设考古重要发现

文物出版社

青海省明长城资源调查报告

文物出版社

青海省彩陶文物保护修复报告

青海省文物考古研究所
秦始皇帝陵博物院 编著

科学出版社

西陲之地与东西方文明

北京燕山出版社

精品文物展示

平行弦纹彩陶罐

马家窑文化马家窑类型

高 12.2cm、口径 15.8cm、底径 8.8cm、腹径 19.5cm

青海省博物馆 藏

镂空圈足陶罐

循化苏呼撒墓地

马家窑文化半山类型

高 17.5cm、口径 13.9cm、腹径 19.6cm、足径 9.0cm

青海省博物馆 藏

圆点纹彩陶壶

民和新民阳山墓地出土
马家窑文化半山类型
高 29.5cm、口径 13.6cm、底径 12.8cm、腹径 36.5cm
青海省博物馆 藏

提梁彩陶罐

民和官户台出土
马家窑文化马厂类型
高 16.6cm、口径 12.8cm、底径 6cm、腹径 15cm
青海省博物馆 藏

折线纹长颈彩陶壶

马家窑文化马厂类型
高 26cm、口径 10cm、底径 11cm、腹径 21.5cm
青海省博物馆 藏

四大圆圈纹彩陶壶

马家窑文化马厂类型
高 41cm、口径 16.5cm、底径 10.3cm、腹径 42.7cm
青海省博物馆 藏

精品文物展示

"卐"字纹彩陶豆 ①

民和新民阳山墓地出土

马家窑文化马厂类型

高 9cm、口径 11.9cm、足径 8.1cm

青海省博物馆 藏

"卐"字纹彩陶豆 ②

民和新民阳山墓地出土

马家窑文化马厂类型

高 11.8cm、口径 15.2cm、足径 7.4cm

青海省博物馆 藏

①

②

蛙纹彩陶壶

马家窑文化马厂类型
高 26.5cm、口径 8cm、底径 8.3cm、耳距 30.5cm
青海省博物馆 藏

四大圆圈纹长颈彩陶壶

民和新民阳山墓地出土
马家窑文化马厂类型
高 26cm、口径 10cm、底径 12cm、腹径 26.5cm
青海省博物馆 藏

玉环

齐家文化
外径 11.5cm、内径 5.5cm、厚 0.4cm
青海省博物馆 藏

精品文物展示

陶鬲

尖扎鲍下藏遗址出土
卡约文化
高 38cm、口径 30cm
青海省文物考古研究所 藏

铜矛[1]

卡约文化
长 18cm、宽 3.6cm
青海省博物馆 藏

铜斧[2]

卡约文化
长 9cm、宽 3cm
青海省博物馆 藏

铜钺[3]

卡约文化
长 9.6cm、宽 4.2cm
青海省博物馆 藏

①

②

③

鹿纹彩陶罐

循化阿哈特拉墓地出土

卡约文化

高 11.9cm、口径 11.8cm、底径 6.4cm、腹径 14.7cm

青海省博物馆 藏

奔羊纹彩陶罐

循化阿哈特拉墓地出土

卡约文化

高 11.6cm、口径 12cm、底径 8cm、腹径 14.8cm

青海省博物馆 藏

回纹彩陶罐

大通上孙家寨墓地出土

卡约文化

高 10.4cm、口径 11.2cm、底径 6.4cm、腹径 13.5cm

青海省博物馆 藏

铜带钩 ①

汉
长 12.3cm、宽 2cm
青海省博物馆 藏

①

铜削 ②

汉
长 16.5cm、宽 2.2cm
青海省博物馆 藏

规矩纹铜镜 ③

汉
直径 11.8cm
青海省博物馆 藏

②

③

"大泉五十"陶钱范

海晏西海郡故城出土

汉

高 8.3cm、长 12.9cm、宽 9cm

青海省博物馆 藏

绿釉陶碗

民和胡李家汉墓出土

汉

高 4.8cm、口径 9.2cm、底径 4.7cm

青海省博物馆 藏

灰陶仓

汉

长 12cm、宽 9.7cm、高 10.3cm

青海省博物馆 藏

绿釉陶熏炉

民和胡李家汉墓出土

汉

高 11.8cm、口径 4.9cm、底径 6.3cm

青海省博物馆 藏

绿釉陶井

民和胡李家汉墓出土

汉

高 10cm、口径 6.6cm、底径 5.9cm

青海省博物馆 藏

绿釉陶壶

民和胡李家汉墓出土

汉

高 36.5cm、口径 15.5cm、底径 15cm、腹径 16.2cm

青海省博物馆 藏

"齐卫士印" 陶封泥

汉
口径 2.7cm、厚 0.8cm
青海省博物馆 藏

金指环①

汉
直径 1.8cm
青海省博物馆 藏

①

金指环②

汉
直径 2.1cm
青海省博物馆 藏

②

陶灶

大通上孙家寨墓地出土
汉
长 21.5cm、宽 17cm、高 7.5cm
青海省文物考古研究所 藏

青铜短剑

南北朝
长 31.4cm、宽 4.1cm、厚 1.8cm
青海省博物馆 藏

卷叶狮纹方砖

兴海河卡镇确什旦村采集
唐
长 34cm、宽 32cm、厚 6cm
青海省博物馆 藏

双凤白釉瓷碗

宋
高 6cm、口径 19.4cm、足径 5.5cm
青海省博物馆 藏

褐釉剔花纹双系瓷瓶

西夏

高 33.7cm、口径 5.5cm、底径 12.5cm、腹径 25.7cm

青海省博物馆 藏

褐釉四系瓷瓶

西夏
高 53.5cm、口径 12.2cm、底径 12.5cm、腹径 29.5cm
青海省博物馆 藏

兽面纹筒瓦

明

长 35cm、宽 11.5cm

青海省博物馆 藏

绿釉莲花纹板瓦滴水

明

长 32.5cm、宽 18cm

青海省博物馆 藏

考古工作延伸了历史轴线，增强了历史信度，丰富了历史内涵，活化了历史场景。考古研究证明，旧石器时代晚期以来的青海地区石器加工技术总体上与华北地区一脉相承。新石器时代的仰韶文化庙底沟类型、马家窑文化都源自于中原地区仰韶文化。青铜时代来自西亚、中亚的青铜文化，同来自北方鄂尔多斯及中原地区的青铜文化与本地区的齐家、辛店、卡约、诺木洪和四坝文化等发生了交流与融合，共同创造了具有地方特色的青海青铜文化。

汉代以来，青海地区正式纳入了中原王朝的郡县管理体系，汉文化对青海地区产生了持续的影响，期间汉、鲜卑、吐蕃等相继入主过青海部分地区，直至元代全部纳入中央王朝管理体系。青海各民族文化之间有着广泛的交流与联系，在物质文化遗存方面往往存在着你中有我、我中有你的现象。青海考古见证了自古以来青海与祖国内地始终历史相沿、人文相关、根脉相连的紧密联系，见证了中华民族多元一体的伟大进程。

新的历史时期，青海考古向着"理论多元化、方法系统化、技术国际化"的方向发展，站在"两个百年"交汇点上，青海考古工作任重而道远，更好地发掘和认识源远流长、博大精深的中华文明，弘扬中华优秀传统文化、增强文化自信是青海考古人不懈的追求。

河湟地区史前文化

青海省博物馆

王进先

黄河文化是中华文明的重要组成部分，是中华民族的根和魂，习近平总书记指出："在我国5000多年文明史上，黄河流域有3000多年是全国政治、经济、文化中心，孕育了河湟文化、河洛文化、关中文化、齐鲁文化等……"河湟文化是指萌生、传承、发展于河湟流域的典型地域文化，其范围涵盖黄河上游、湟水流域及大通河流域地区，历史上又称"三河间"，这里位于青藏高原的东北边缘，山高谷深气候寒冷，由于黄河与湟水两大河系与祁连山、达阪山以及积石山脉的地理分割，因此成为一个相对独立的地理单元。根据河湟地区地势的变化与海拔抬升的差别，将其由低谷至山顶划分为河谷地区、浅山地区以及高山地区。自仰韶文化晚期以来河湟地区的早期居民在当地的地理环境和气候变化的影响下，形成了农牧业相互依存互补发展的经济形态。

河湟流域史前文化源远流长、传承融合。据考古资料推测，6700多年前，共和盆地的拉乙亥人拉开青海新石器时代早期序幕，采集农业开始出现。仰韶文化晚期庙底沟类型时期，青海东部民和及循化等地成为古代仰韶人群活动范围的最西端。后经过数百年马家窑文化不断继承和发展成熟，齐家文化欣欣向荣。随着青海大多数地区气候环境逐步恶化，以锄耕农业为主的生产生活转型为以畜牧经济为主、兼营农业的生产生活方式，并出现了辛店文化、卡约文化。青铜时代晚期，辛店文化向西发展，在北川河流域与卡约文化汇流融合，产生出"唐汪式"陶器。卡约文化向西扩展，对柴达木盆地的诺木洪文化产生了一定的影响。

河湟地区的史前文化灿若星河，在星罗棋布的史前文化遗址中，有四座遗址如同启明星般照亮了史前莽荒的河湟大地，犹如四座丰碑般镌刻着河湟史前文化的高度，这就是宗日、柳湾、喇家、沈那遗址。

一、宗日遗址

宗日遗址位于青海省海南藏族自治州同德县巴沟乡团结村，南临黄河。黄河淤积和自然降水冲积下来的马兰台地上的黄土，形成了约15平方公里的河谷平地，海拔高度2800～3000米，阳光充足，是黄河上游少见的一片沃土，遗址就分布在黄河北岸的第一和第二阶地上。遗址在

1982 年牧区文物普查试点中被发现，定名为兔儿滩遗址，当时试掘确认属于马家窑文化半山类型。1994 年 6 月至 1996 年 10 月，青海省文化厅文物处组织考古队分三次对遗址进行正式发掘，共开挖探方 31 个，清理墓葬 341 座、灰坑 18 个、祭祀坑 18 个，出土文物 23000 余件，确认这是目前黄河上游发现的时代较早、面积最大、内涵较为丰富的一处新石器时代遗址，遗址年代相当于马家窑文化时期至齐家文化时期，大致从距今 5600 年延续至距今 4000 年左右，延续了大约 1600 年。因其文化内涵有一定的特殊性，经研究命名为宗日文化。它的发现从一个侧面反映了包括同德县在内的高原在远古时代并不是蛮荒之地，而是中华文明的发祥地之一。

宗日遗址发掘时，用流水侵蚀形成的台地划分发掘区，以团结村西的一条自然冲沟——大沙沟为界，遗址墓葬区集中在大沙沟东面二级台地的第一、第五坪台上，墓葬除少数发现于居住遗址外（如儿童瓮棺），绝大多数墓葬均分布在台地的边缘，有其专门的区域。墓葬方位多与所处台地走向垂直，以北偏西为主。

宗日遗址的发掘意义十分重大，出土了大量珍贵文物，如舞蹈图案彩陶盆、二人抬物纹彩陶盆、骨叉、骨勺等遗物，是研究远古宗教、艺术及人们生活方式的重要材料；大量独具特色的陶器的出土，显示出了一种新的文化面貌如乳白色陶上施紫红彩、变形鸟纹和多道连续折线纹等等，均与相邻文化截然不同，据此命名了一个新的考古学文化——宗日文化；发现了许多很有意义的现象，如石棺葬具、二次扰乱葬式、火焚葬具、墓上标志、墓祭等，为我们认识青海地区远古部族的特征提供了极具价值的资料，在古代西北民族史研究方面也有重大意义。2013 年，宗日遗址被公布为第七批全国重点文物保护单位。

在 20 世纪 90 年代考古成果的基础上，在 2020 年 6 月至 9 月期间，由青海省文物考古研究所主持，联合河北师范大学、南京大学共同实施对宗日遗址的再次考古发掘，此次发掘的面积达 800 平方米，发现灰坑、灰沟、墓葬等重要遗迹百余处，出土文物类别丰富，主要有马家窑文化和宗日文化彩陶、磨制穿孔石刀、双刃骨梗刀、墨绘人像骨片等。此次发掘成果表明，宗日遗址包含新石器时代、青铜时代、唐宋时期，刷新了以往的传统认识，进一步丰富了宗日遗址文化内涵。此次有目的、有计划的主动性发掘为探索宗日遗址的聚落布局与演变提供了重要的考古资料，丰富了遗址的文化内涵，深化了对河湟文化的认识。

二、柳湾遗址

在新石器时代晚期，来自于中原地区仰韶文化的彩陶艺术在河湟流域落地开花，形成了举世瞩目的史前彩陶文化，柳湾是这条彩陶艺术长河中一颗璀璨的明珠。1974—1980 年中国社会科学院考古研究所与青海省文物管理处考古队对柳湾墓地进行了大规模的发掘，共发掘马家窑文化半山类型、马厂类型、齐家文化、辛店文化等新石器时代至青铜时代的墓葬 1730 座，出土文物 37925 件。

柳湾墓地是我国黄河上游最大的一处氏族社会公共墓地、从马家窑文化半山类型至辛店文化经历约 1000 年时间，是湟水流域延续时间最长的一处史前文化遗存，也是全国少有的大型氏族公共墓地之一。柳湾墓地可分为东、中、西 3 个墓区，不同文化类型的墓葬各有其分布区域，东区以半山类型墓葬为主，西区以齐家文化墓葬为主，中区以马厂类型墓葬为主，在中区北端则以辛店文化墓葬为主。其中半山类型墓葬共 265 座，都是长方形竖穴土坑墓，排列整齐，梯形墓棺；马厂类型墓葬共 1041 座，除长方形竖穴土坑墓外还有带墓道、平面呈"凸"字形的洞室墓；齐家文化的墓葬共有 419 座，墓葬形制与马厂类型较为相近，比较特殊的葬具是以原木挖成的独木棺；辛店文化墓葬仅 5 座，多为圆形或椭圆形竖穴土坑墓。

柳湾墓地分期为研究河湟地区马家窑文化树立了一杆标尺，是研究河湟地区史前文明必不可少的重要资料。墓地全面揭露，初步搞清了马家窑文化的半山类型、马厂类型以及齐家文化与辛店文化墓葬的分布规律，加深了对半山与马厂类型文化内涵的认识，使我们有条件对当时的经济生活、社会性质与埋葬制度等问题进行探讨。同时对研究马厂类型、齐家文化和辛店文化的关系也具有重要的意义。一批典型墓葬的埋葬习俗为研究我国私有制的产生与阶级的起源等问题，提供了一批新的较好的实物例证。

更让人震撼的是，柳湾遗址创造了"四个之最"：一、延续时间最长：从距今4600年延续至距今3600年左右，前后延续了1000余年；二、一个遗址发现的文化类型最多：从柳湾墓群中发现了马家窑文化半山类型、马厂类型、齐家文化、辛店文化四种文化类型；三、保存状态最为完整：它是我国迄今为止黄河上游发掘规模最大的一处原始社会氏族公共墓群，发现有新石器时代至青铜时代墓葬1730座；四、出土的陶器数量最多：柳湾墓群出土的彩陶、石器、骨器和玉器等文物共计37925件，其中陶器将近20000件。

2000年11月～2001年4月由青海省文物考古研究所对博物馆建设区的遗址部分进行了抢救性发掘，同时确定了遗址区的面积，该遗址位于湟水北岸的二级台地，北距柳湾墓群600米左右，是与墓地相对应的新石器时代晚期至青铜时代早期的遗址。此次发掘面积1050平方米，发现保存较好的房址3座、灰坑78个、灰沟6条。出土铜器、玉器、石器、骨器、陶器等器物221件。此次发掘为进一步研究柳湾墓群原始居民的居住遗址以及生产、生活状况提供了丰富的实物资料。

三、喇家遗址

喇家遗址位于青海省民和县官亭镇喇家村，地处官厅盆地黄河北岸二级阶地，遗址总面积约67.7万平方米，是一个以齐家文化为主，包含有马家窑文化马家窑类型、辛店文化及汉唐遗存的中心聚落遗址。1999～2007年，中国社会科学院考古研究所、青海省文物考古研究所等单位联合对喇家遗址进行了9年的考古发掘，发掘面积约3000平方米，取得许多突破性的考古发现，遗址获评"2001年度全国十大考古新发现"之一。2014～2019年青海省文物考古研究所、四川大学历史文化学院、成都文物考古研究、喇家遗址博物馆等单位又对遗址展开了连续多年的发掘工作。

多年的田野工作揭露出齐家文化时期大量非正常死亡个体及大面积灾难遗迹，考古记录科学证明了史前地震、山洪泥流和黄河洪水等灾难事件，这是国内首次通过考古发掘揭露的史前灾变现象，不仅是考古学的重要发现，其科学意义更是超过了考古学的范畴，为多学科交叉研究提供了新的课题；大型防御性设施壕沟、广场、覆斗形祭坛、祭祀坑、高等级墓葬、窑洞式房屋、面条实物、大石磬、权杖头、大玉刀、大玉璧、三璜联璧、玉钺、卜骨、彩陶提梁罐、仓形器、陶盉等重要遗存的发现，不仅反映了喇家古代先民所创造出的璀璨物质文化和神秘精神世界，也揭示出该遗址是黄河上游地区齐家文化的大型核心聚落。喇家遗址的发掘，是齐家文化发现以来全新、最重大的突破，对于黄河上游地区史前社会复杂化、文明化进程及人地关系的研究具有极为重要的推动作用。

在发掘过程中，考古学家发现，不同房址中，有许多显然是母亲在突如其来的灾难面前，用身体掩护幼小子女的遗骸：她们或匍匐在地，或侧卧一旁，或相拥而死，或倒地而亡。其中有一位母亲双膝跪地，臀部落坐脚跟，双手紧紧搂抱着幼儿，脸面向上，颔部前伸，冥冥中似乎还在祈求苍天赐予年幼的孩子一条生路……穿越 4000 多年的时空，伟大母亲以身佑子，凝固了的深情瞬间定格为永恒。

四、沈那遗址

沈那遗址位于西宁市城北区小桥村北，北川河第二阶台地上，台地东西窄，南北长，呈南低北高的长条形，占地面积约 10 万平方米，文化内涵以齐家文化为主，兼有少量的马家窑文化马家窑类型、半山类型和卡约文化遗存。保护范围北起沈那北巷，南至门源路延伸段，西至十四号公路，东至小桥大街，1948 年由我国著名考古学家裴文中教授发现，时称"小桥遗址"。1979 年，公布为市级文物保护单位，并更名为"沈那遗址"。1986 年，公布为省级文物保护单位。2006 年，公布为第六批全国重点文物保护单位。1992 年和 1993 年青海省文物考古研究所对其中 2000 平方米进行试掘，发掘区域文化堆积层厚 2 米，发现大量房址、墓葬及灰坑。房址分为白灰面和硬面，有圆形和方形两种，房内设有圆形、瓢形灶炕。墓葬为圆角长方形的竖穴土坑墓，多在房址周围，个别在房址内，葬式有仰身直肢、屈肢葬，随葬器物有泥质红陶罐、夹砂红陶绳纹罐、贝、绿松石等。灰坑分不规则形、圆形、椭圆形、长方形四种，有圜底、平底之别。

2016～2018年西宁市文物管理所先后两次会同青海省文物考古研究所对沈那遗址进行全面考古勘探调查，共发现房址171座、灰坑358座、墓葬19座，遗迹遗物十分丰富。

历次发掘中沈那遗址出土大量陶器、石器、骨器及玉器。陶器以夹砂陶为主，泥质红陶次之，并有少量泥质灰陶。器形有双大耳罐、双耳罐、无耳罐、折肩壶、尊、盆、豆、鬲、器物盖、纺轮、陶拍等。纹饰有绳纹、篮纹、堆纹、刻划纹、戳印纹，另有零星红彩花纹。石器包括打制和磨制两种。打制石器有盘状器、刮削器、石核、石叶；磨制石器有斧、锛、凿、刀、纺轮、镞、杵、砺石等，几乎都通体磨光。骨器有锥、针、镞、匕、铲、管等，并有獐牙、骨饰及用牛羊肩胛骨制成的卜骨。玉器有璧、环、琮、凿、锛等。

在沈那出土的众多器物中尤以沈那铜矛最为知名，一直以来成为国内外学者研究早期铜器冶铸技术和史前东西文化交流的重要器物。铜矛出土于一座晚期灰坑内，长61.5、宽19.5厘米；刃呈蕉叶状，叶尖浑圆，叶中部两面有高1.5厘米的脊梁，脊两侧是片形翼；矛銎较长且较宽，下部有三道凸弦纹；銎与刃部结合处有一刺钩。考古学家根据器形断定其为塞伊玛—图尔宾诺式倒钩铜矛，此矛器形硕大，不开刃，出土之初学者们即认为铜矛并非实用武器，应是部落首领的权力象征物。此外沈那遗址还出土大量玉器，其中包括玉璧、玉琮等祭祀礼器，是目前为止西宁地区仅见的出土了祭祀礼器的史前聚落遗址。祭祀礼器的出土一方面代表了文明高度发达，另一方面也表明这一时期沈那聚落在河湟流域众多聚落中的地位是比较特殊的，或可以说沈那遗址在河湟流域聚落群处于最为重要的位置，拥有祭祀礼器，掌握着祭祀权。

无论是黄河沿岸的宗日、喇家遗址，还是湟水沿岸的沈那、柳湾遗址，都展现着丰富的文化内涵，它们是河湟文化的发端之处。宗日、柳湾的粟作农业和彩陶制作工艺无疑是承袭于东部中原、河陇地区的仰韶文化、马家窑文化，宗日、喇家等地的齐家玉礼器的加工工艺则是受到中原龙山文化西传的影响，而齐家文化铜器的冶炼技术则受到北部的西城驿文化乃至更北的阿尔泰山地区的影响，喇家的石权杖头可能是受到遥远的西亚文明的间接影响，这些现象表明早在史前时期，河湟谷地就是"彩陶之路""玉石之路""青铜之路"等传播交流之孔道，河湟地区开放包容的文化姿态早在史前时期就已显现出来，并由此拉开了丝绸之路青海道繁荣兴盛的序幕……

浅析青海地区出土的一件
"艾德莱斯绸"

青海省文物考古研究所

高志伟 唐思玥[1]

摘要：青海省文物考古研究所珍藏一件被命名为艾德莱斯绸的扎经染色双面长丝巾，出土于都兰吐蕃时期的墓葬，是迄今为止我国出土最早的扎经染色织物。扎经染色工艺现在是我国云南黎族、新疆地区的非物质文化遗产，新疆将此类织物统称为"艾德莱斯绸"。在对这件织物编织工艺的研究过程中，对其命名进行了商榷；并根据染织工艺特点追溯其来源，认为来自中国本土的可能性比较大。

关键词：青海地区出土　艾德莱斯绸

青海省文物考古研究所藏的一件被命名为艾德莱斯绸的双面长丝巾，出土于都兰吐蕃时期的墓葬，形制完整，色彩斑斓，图案抽象，采用传统的染缬工艺之一——扎经染色工艺，即对经线或纬线分段染色后再编织，这种工艺的织物现在是我国云南黎族、新疆地区的非物质文化遗产，新疆将此类织物统称为"艾德莱斯绸"。到目前为止这种工艺的丝织品文物并不多见，这件唐代出土的、形制完整的扎经染色织物尤显珍贵。

一、文物基本信息

青海省文物考古研究所所藏织物出土于青海省都兰县香加乡莫克力沟吐蕃墓群，1998 年在此发掘墓葬 21 座，均系唐代吐蕃统治下的吐谷浑邦国的墓葬[②]（7～9 世纪）。墓葬多数被盗，仅 M14 墓完整保存下来，出土了很多纺织品，被命名为艾德莱斯绸的纺织品出土于此墓。该件织物是一条形制完整的双面长丝巾（图1），长 234.7 厘米、宽 24.4 厘

图 1 都兰莫克力出土的双面长
丝巾（照相 严明圣）

①高志伟，青海省文物考古研究所，技术部，主要从事文物保护及研究，青海西宁，810007,245001381@qq.com；

唐思玥，西北大学文化遗产学院，研究方向文物保护及研究，陕西省西安市.

②中国考古学会：《青海省都兰县莫克力沟吐蕃墓群》：《中国考古学年鉴》1998，文物出版社，2000 年 9 月，303 页。

浅析青海地区出土的一件"艾德莱斯绸"

米，丝巾两端均有穗子，穗长分别为 1.3 厘米、0.1 厘米。面料采用扎经染织的方法，本色经线根据图案设计分段扎染为蓝、绿、棕三色，染好的经线的捻向为 S 捻，密度 45 根 / 厘米；纬线基本无捻，密度 19 根 / 厘米（图 2）。面料的两边均有幅边（图 3），宽度约为 0.04 厘米左右，有再与黄色纬线交织成 1:1 的平纹织物，然后用黄色绢作背衬缝合而成双面长丝巾。在 60 倍的显微镜下观察，织物经 4 根经线。该丝巾的两端可看到布匹的机头和机尾（图 4、图 5），加上两侧的幅边，由此可推断该丝巾正好使用的是一个匹幅（即一匹布）的面料，称之为"织成"也不为过，面料的宽度即是幅宽 24.4 厘米，匹长为 232.5 厘米。织物色彩丰富，图案抽象，纹样以条形排列，采用几何组合纹二方连续排序，边缘有晕染效果，图案布局紧凑，几乎没有空白之处，形成一种"繁而有序"的视觉效果。这件织物经过检测分析，确认其质地为丝。最为难得的是这件织物在拥有双幅边的基础上存留机头和机尾，亦是非常难得一见的古代纺织面料。

类似的织物都兰热水墓 20 世纪 80 年代发掘中 DRM9—S6 也出土过，年代被定为 8 ～ 9 世纪，长 92 厘米、宽 8.2 厘米，平纹组织，扎经染色成蓝、棕两色，经线弱 S 捻，经密 40 根 / 厘米，纬线为弱 S 捻，纬密 15 根 / 厘米，无幅边[③]，现存于青海省博物馆。2018 都兰热水血渭 1 号墓同样出土了类似的织物，图案、编织工艺、染色方式都非常相近（图 6、图 7），且是同一时代的物品，由

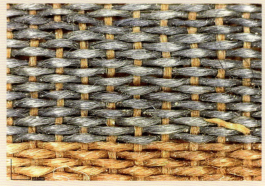

图 2 组织分析

图 3 面料幅边

图 4 机头（照相 严明圣）

图 5 机尾（照相 严明圣）

③ 青海省文物考古研究所、阿贝格基金会：《都兰珍宝》[M]，文物出版社，待刊。

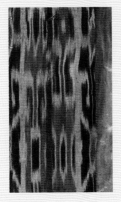

图 6 都兰热水出土绊图案局部（来自《都兰珍宝》）
图 7 莫克力出土图案局部（照相 严明圣）

此可判断这类织物可能属于同一批遗物，许新国先生将热水出土的这块扎经染色织物命名为绊。

根据目前已公布的考古资料，宁夏西夏陵区出土过一件宋代的扎经染色织物，田自秉先生将其命名为"茂花闪色锦"，并做了详细描述④："经线是分段染色的，即将经线按照设色的要求，把不需染色的区段用包裹物包扎，再进行染色，使经线呈现出一段一段不同的色彩效果………这件'茂花闪色锦'的经线密度是每厘米 80—84 根，纬线则为 36 ～ 38 根。"根据田自秉先生对这件"茂花闪色锦"的描述，当属于扎经染色织物，相较于青海出土的这类织物，染织工艺是相同的，后者织造更加紧密，只是年代较晚，可能是早期扎经染色工艺的延续。田自秉先生认为这种丝织物可能是由中原地区传入，但它的具体生产地点至今还不得而知，也无文字记载。

青海都兰莫克力出土的这件扎经染色长丝巾形制完整，与新疆民丰

④田自秉：《中国工艺美术史》[M]，上海东方出版中心，1985 年，245-246 页。

　浅析青海地区出土的一件"艾德莱斯绸"

尼雅一号墓地出土的一条长丝巾⑤的形制非常相似（图8），新疆出土的丝巾为东汉魏晋时期的，长186厘米、宽5厘米，由蓝红菱形纹构成图案，两端均有穗子，其出土时作为裹头之用，比都兰出土的丝巾略短，宽度基本一致。这条丝巾的年代较早，虽然同样是先染后织，但其并非将经线分段布局、扎经、浸染，而是将经线分别染成蓝、红两种颜色，通过换线织成菱形图案，与扎经染色织物的染色工艺差异较大，后者是在一组经线或纬线上分段染色，无需换线即形成图案，染色工艺与中国传统的染缬工艺（先织后染）比较相似，这种工艺更繁缛，故而古代扎经染色织物出土或流传下来的并不多。

二、关于命名的商榷及来源探讨

青海地区出土的这件被命名为"艾德莱斯绸"的双面长丝巾与新疆艾德莱斯绸的扎经染织工艺基本相同，且其图案与新疆莎车式纹样比较相似（图9）。"艾德莱斯"在维吾尔语中意为"飘逸、抽象"，这种丝绸以其夸张强烈的色彩选择、独具特色的民族纹饰，深受维吾尔族及周边国家人民的喜爱⑥。许多学者对艾德莱斯绸进行了深入研究，如李安宁等研究了艾德莱斯绸工艺特点，他认为现今一匹艾德莱斯绸幅宽约为35～52厘米，长5～7米，通常经线为丝线，纬线为棉线；染色前先按图案要求，于经纱上加以布局、配色、扎结，然后分层染色、整经、织绸⑦。此种染色，通过染液渗润，致图案轮廓有自然形成的色晕，各种

图8 新疆民丰尼雅出土丝巾
（来源于《中国织绣服饰全集3》）

图9 莎车式纹样（来源于《丝绸》2017.5）

⑤中国纺织服饰全集编辑委员会编：《中国织绣服饰全集3——历代服饰卷上》[M]，天津人民美术出版社，2004.12，P130。
⑥徐红等：艾德莱斯绸的纹饰图案，丝绸[J]，2017年第5期。
⑦李安宁等："艾特莱斯"与"拜合散姆"研究，新疆艺术学院学报[J]，2004第2卷第3期。

颜色参差错落，疏散而不杂乱，既增强图案的层次感，又形成纹样富有变化的特色。现代艾德莱斯绸编织幅宽明显比青海出土艾德莱斯绸的幅宽略宽，但长度并不很长。许多学者都在探讨"艾德莱斯绸"的起源问题，如钱小萍认为"艾德莱斯绸产生于中亚，其年代约在 14 世纪，而传入新疆的时代约在 19 世纪"⑧。还有些学者经过调查认为新疆本地生产艾德莱斯绸的历史不到 100 年，且以前叫"呆尔亚热"⑨，直到清末时对此类丝织物的称呼只有"和田绸""回子锦""金丝缎""金丝绸"和"布锦"等⑩。我国现存最早的艾德莱斯绸实物收藏于故宫博物院，有学者认为它们是新疆地区敬献给乾隆皇帝的贡品，不晚于 18 世纪末⑪。直到 20 世纪初"艾德莱斯"被维吾尔族当作商品名称使用，这与新疆近现代贸易的发展密切相关⑫，之后艾德莱斯绸被列入非物质文化遗产。追溯新疆的艾德莱斯绸的历史，最早的记载也只能追溯到清朝时期，属于近现代的产物，且早先时并未使用此类名称，至于其来源也是众说纷纭；其次众多资料显示艾德莱斯绸编织所用纱线仅经线为丝线，纬线通常为棉线，而都兰出土的这类织物经、纬线均采用丝线，图案更加抽象，颜色也没有那么强烈，因此至少说明都兰的织物并非来源于新疆，并且其年代较早，故而将青海都兰出土的这件织物命名为艾德莱斯绸明显不妥，许新国先生将其命名为绨反而有据可依。

关于绨的记载，最早记录于汉代许慎的《说文解字·糸部》"绨，氐人殊缕布也"，段玉裁注"殊缕布者，盖殊其缕色而相间织之"⑬，即用不同颜色的线缕织成的布，这种不同颜色的线是指经线或纬线的分段染色，还是不同彩色线相间织成的布，还需考证，但值得欣慰的是至少在汉代已经有这类织物的记载。日本对扎经染色织物亦称为绨织，在日本东京国立博物馆收藏了一块时代较早的绨织物（图10）⑭，应该是飞

图 10 东京国立博物馆藏扎经染色丝绸

⑧ 路甫祥、钱小萍：《中国传统工艺全集：丝绸织染》[M]，大象出版社，2005 年，439 页。
⑨ 刘颖：《"艾德莱斯"的历史和传说的文本研究》，喀什师范学院学报 [J]，2010 年，29-31 页。
⑩ 刘志霄：《维吾尔族历史》[M]．中国社会科学出版社，1996 年，43 页。
⑪ 侯世新、王博：《和田艾德莱斯》[M]，苏州大学出版社，2011 年，113 页。
⑫ 夏克尔·赛塔尔等：新疆维吾尔族艾德莱斯起源的再研究，丝绸 [J]，2017 年第 7 期。
⑬ [汉] 许慎撰，[清] 段玉裁注，《说文解字注》[O]，上海古籍出版社．1981 年 10 月，1162 页。
⑭ 袁宣萍：我国古代的扎经色绸，丝绸 [J]，1991 第 12 期。

鸟时代（7～8世纪）的，红色的地部，用白、青、褐等色表现起伏的波浪或是变形的花卉，色彩明快，给人以赏心悦目之感。日本珍藏的絣织物与青海出土的两件织物时间相近，追溯其来源，袁宣萍认为来自我国的广州、福建一带。日本絣织起源于12、13世纪的古琉球王国，当时因其特殊的地理位置，曾以东北亚和东南亚贸易的中转站著称，贸易发达[15]。由此说明，絣织并非日本的特有产物，之所以使用絣织一词，可能是中国早期的这类织物出口到日本时就叫絣，之后日本沿用了这种名称，并对其本国絣织的兴起起了至关重要的作用。我国海南的黎族至今保留着对这种工艺特征的叫法——絣染，因此这种絣染技术可能早先属于南方地区的工艺。

扎经染色织物在印度、东南亚各国、印度尼西亚群岛等地传统服饰中很受欢迎并流传下来，他们将这种工艺统称为伊卡特 (Ikat)，印度尼西亚传统经絣织物闻名遐迩，其动物纹样复杂，色彩丰富，别具特色。印度伊卡特是一种被广泛使用的织物，根据史料记载，在印度阿旃陀5～7世纪的壁画上描绘着纱线扎染的纺织品，不过壁画上的图案只能大概分辨是否是扎染织物，很难明确区分是先织后染还是先染后织，之后印度并没有此类织物的出土或记载。直到12世纪，印度图案最精美、织造最复杂的伊卡特古加瑞特生产的"帕图鲁"(Patolu) 有了文字记载[16]，这种风格的伊卡特在色彩和设计上更接近后来也门地区的伊卡特（9～10世纪），由简单的图案——条纹、箭头和锯齿状线组成，编织幅度更宽[17]（图11）。青海都兰出土的扎经染色织物与也门的伊卡特在图案、颜色上比较相似，只是时间相对较早。以色列 Nahal 发掘出土了7块扎经纺织物残片，属于棉线伊卡特，时间介于公元650年和810年之间，是文献记载最早的伊卡特[18]，相较于青海地区出土的扎经染色织物，

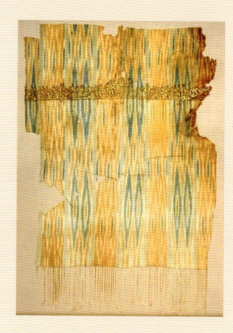

图 11 也门出土的织物（来源于《丝绸》1991 第 12 期）（来源于 The Dyer's Art, 1976）

⑮廖文华、王宏付：日本絣织及其代表性纹样特征研究，丝绸[J]，2017 年第 1 期。

⑯滕晓铂：一种可能：新疆的爱特丽斯绸与它的印度起源，装饰艺术研究[J]，2005 年叁月，总第 143 期。

⑰ A Ghosh, ed., Ajanta Murals, Archaeological Survey of India, 1967, plates XI, XIII, XIV; also Jack Lenor Larsen, The Dyer's Art, Van Nostrand Reinhold [G], 1976, P135.

⑱ Alisa Baginski and Orit Shamir, 'Early Islamic Textiles, Basketry and Cordage from Nahal Omer', Atiqot, Vol. XXVI, Israel Antiquities Authority [G], 1995, P28-31.

时间相近，质地不同，至少说明两者采用的染织工艺相同，并非交流的产物，可能是技术交流的结果。

综上所述，扎经染色织物在不同的地区有不同的叫法，日本称之为絣织，东南亚多称为依卡特，新疆称为艾德莱斯绸，海南黎族称为絣染工艺，这些地区织物的染织工艺均有详细记载，工艺理论是相同的，只是纺染技术、图案有所差异。青海地区出土的扎经染色织物与中亚地区的织物有相似点，也有差异，从时间排序上看，印度壁画上所见较早，但之后并没有见到零星半点的遗物；从实物来源上看，以色列出土棉线伊卡特的时间更接近，但是所用材料不同；从图案上看，更接近于也门地区出土的伊卡特，很显然，这种染织技术经过相互交流、交融而得以发展。青海出土这类织物的时间为唐朝吐蕃时期，就目前而言这是我国出土较早的扎经染色织物，在《说文解字·糸部》中提到这种织物是氐人所织，氐人在周秦时分布在今甘肃、陕西、四川三省相邻地带，在唐朝时，一部分氐族人与吐蕃人相融合，正是这种融合可能将中原或其他地区的这类织物带到了青海，但也有可能通过丝绸之路流传到青海。日本珍藏的此类织物与青海出土的这类织物时代基本相近，且来源地为我国，而扎染工艺在我国起源较早，1963 年及 1967 年在阿斯塔那墓中出土西凉建初四年 (408 年) 的绞缬绢，是现存最早的绞缬织物[19]，由此说明扎经染色工艺可能是染缬工艺起源之前或同期的产物，这种工艺的烦琐导致当时产量低而被其他染缬工艺所取代，因此出土及传承下来的遗物并不是很多。

⑲周菁葆：西域高昌地区出土的魏晋南北朝时期的纺织品，浙江纺织服装职业技术学院学报 [J]。